AF228143

Originalausgabe

Verlag: BoD · Books on Demand GmbH, In de Tarpen 42,
22848 Norderstedt, bod@bod.de
Druck: Libri Plureos GmbH, Friedensallee 273,
22763 Hamburg
ISBN: 978-3-7693-1265-2

Liebesgedichte

Valentinstag

Eine Liebe,
Die gefiele,
Fiele vom Baume
In mein Herz.

Eine Dame
Mit der Gabe
Mich lächeln
Zu lassen.

Ein Kuss
Voll Genuss,
Als Erfüllung
Meiner Sehnsucht.

Ein Date
Mit ihr gewagt
Und tausend
Schmetterlinge gepaart.

Sie ist zurück
Und mein Glück
Steigt ins
Unendliche.

Valentinstag 24

Liebe ohne Reue.
Endlich mal Valentinstag
Mit der Richtigen.

Viele Jahre allein,
Eingesperrt mit
Selbstzweifeln.

Viele Male enttäuscht,
Nachdem ich mein Herz
Geöffnet.

Heute spüre ich
Den Fluss der Liebe
In der Tiefe.

Es wurde wahr,
Was Träume waren
Und es fühlt sich besser an,
Als es klingt.

Küken

Flügge Mädchen
Versuchen meinen Blick
Zu fangen, um ihre sinnlichen Waffen
Zu testen.

Ein Häutchen zur Religion erhoben
Oder zur Sklaverei in der Zwangsehe
Verdammt.

Heilige Hure oder
Keusche Matrone.

Der Fluss weiblicher Sexualität
Schuf unsere Welt.

Wieder sucht sie meinen Blick
Und schaut weg, sobald ich reagiere.
Es ist dasselbe Spiel, das ich spielte
Als ich flügge wurde.

Wasserspiegelungen

Friedlich auf dem Weg
Zum See. Am Steg sehe
Ich hinaus und atme ein.

Frei fließt die Luft
Und befreit spüre
Ich den Fluss meiner Gedanken.

Ranken alter Erinnerungen.
Narben, die mir diese Geschichte
Tief in die Seele rissen.

Heute bin ich frei
Und habe den Frieden
In meinem Herzen gefunden.

Heute bin ich Mensch,
Mein Herz hat zu
Lieben gelernt entgegen
Aller Schmerzen.

Spielwiese

Liebe im Getriebe
Und Schmetterlinge
Im Bauch.

Vergessen wir die Welt
Und den Stress,
Den keine braucht.

Nur du und ich,
Unsere Küsse
Und dieses Gedicht.

Wir sind für immer
In diesem Zimmer
Kuschelnd im Bett.

Zwei Herzen
Sind eins und
Auf ewig vereint.

Mein Leben endet,
Sobald du dich
Von mir wendest.

Liebe ist
Unser Siegel
Der Ewigkeit.

Am Fluss

Mein Herz verzehrt
Sich nach ihren Lippen.
Könnte ich sie noch einmal
Küssen.

Unmöglich.
Unnahbar.
Unerreichbar.

Wir hatten alles für einen Moment.
Es war der Schmerz, der uns verband.
Als wir uns fanden, lagen unser
Beider Welten in Trümmern.
Wir hielten uns aneinander
Fest, um nicht zu ertrinken

Harter Schlag.
Schweres Schicksal.
Ohne Ausweg.

Verloren im Strudel
Verschmolzen unsere Herzen
Und spüren sich bis heute,
Auch wenn wir uns nie
Wiedersehen.

Ein Kind der Liebe

Liebe in den Genen;
Das ist, was meine Frau und
Ich unserer Tochter geben.

Die Krönung unserer Liebe
Ist ein neues Wesen.
Die Offenbarung eines Lebens
Haben wir liebend vollzogen.

Liebe in den Genen.
Liebe in den ersten Tagen.
Liebe in allen Jahren,
Die folgen.

Sie schweißt uns
Noch stärker zusammen.
Sie wird zur Basis
Unserer Beziehung.
Das ist gut. Das ist richtig.
Es war immer so und
Am reinsten, wenn es aus
Liebe geboren.

Höhere Liebe

Wahre Liebe
Im Weltgetriebe.

Liebe schleift
Unter finanziellem Leid.
Aber unsere Liebe
Wird stärker sein
Als Gold und Inflation.

Wir widerstehen
Ihrer Oberflächlichkeit
Und lassen uns fallen
In den Gefühlen unserer Herzen.

Wir erleben den Weg
Zweier Herzen, der über alles
Materielle hinausgeht.

Verschlungen

Ich liebe dich
Und küsse dein Gesicht
Im Sonnenlicht
Des neuen Tages.

Mein Leben war leer
Und dunkle Wolken hingen.
Ich liebe dich sehr
Und will mit dir singen.

Ein Tag wie ein Gedicht,
Weil du bei mir bist.
Das Gefühl deines Busens,
An dem ich schmuse.

Die Bettdecke ist warm
Und wir sind nackt.
Du liegst in meinem Arm
Und ich halte dich.

Ein Leben mit Engelsflügeln
Und zwei tanzende Zungen.
Ich lebe in vollen Zügen,
Solange ich bei dir bin.

Der erste Schmetterling

Die Schmetterlinge fliegen
Und wir liegen
Auf der grünen Wiese.

Dieser Moment ist ein Film,
Den wir tausendmal gesehen
Und endlich erleben.

Unsere Liebe gebiert
Wilde Küsse und neue Triebe
Mit Frühlingsgefühlen.

Ein Kuss deiner Lippen
Kitzelt auf meinem Rücken
Und ich muss lachen.

Dann massiere ich dich
Mit meinen weichen Lippen
Und seufze vergnügt.

Dieser Frühlingstag
Ist nur für uns gemacht,
Damit unsere Liebe
Sprießen kann.

Der Liebe Macht

Die Liebe in den Herzen
Der Menschen ist
Die einzige Kraft auf Erden,
Mit der Macht alle Schmerzen
Zu überwinden.

Liebe ist die Urgewalt,
Vor der Nichts im Universum Halt
Machen kann. Sie formte die Sterne
Und unsere kleine Erde.

Liebe ist das Wunder
Und ich will ihr Verkünder
Sein. Denn sie will heilen
Und uns alle vereinen.

Liebe ist ein heiliger Weg,
Der tief in uns reinführt.
Liebe will nur dein Glück und
Gibt es dir Stück für Stück.

Die Macht der Liebe
Umarmt niedere Triebe
Und veredelt sie, sodass sie zu
Reiner Liebe werden.

Frühlingskind

Der Winter endet.
Der Frühling sendet
Die ersten Boten.

Dein Kleid wird kürzer
Und würzt meinen Spargel.
Er sprießt in der Hoffnung
Auf körperliche Liebe.

Denn Schmetterlinge
Sind wie Eheringe.
Nur sind sie Neulinge
Jeden neuen Frühling.

Was im Winter schlief,
Ist das Genießen
Draußen in den Heiden.
Was wir wieder sind,
Ist ein Liebespaar
In Berlins Straßen.

Zart und sanft

Der Liebe Triebe
Finden Wege.

Der Herzen Wert
Wird ernährt.

Zarte Küsse.
Lüstern spritzen.

Sanft streicheln.
Nicht von der Seite
Weichen.

Der Liebe Wert
Kennt das Herz.

Der Herzen Triebe
Sehnen sich nach Liebe.

Zarte Lüste.
Sanfte Brüste,
Die nähren und
Verehren.

Ein Kind der Liebe

Ein Kind der Liebe.
Ihr Lächeln der Schmelztiegel
Zweier Herzen.

Eltern werden
Aus nur einem Grund:
Unsterbliche Liebe.

Eltern sein
Mit nur einem Wunsch:
Liebe zu schenken.

Ein Kind als Frucht
Der wahren Liebe
Und ein wahres Wunder.

Die Ähnlichkeit
Des Kindes besticht.
Es trägt wahre Liebe
In sich jeden Tag ihres Lebens.

Liebe regiert die Welt

Geld regiert die Welt.
Armut greift um sich.
Scheint, als ob Geld
Schlecht regiert.

Vielleicht sollte Liebe
Unsere Welt regieren.
Die Welt könnte strahlen
Und alle lachen.

Warum nicht lachend
Alle Sachen auf der Erde machen?
Warum schenken wir
Uns nicht einfach alles,
Was wir brauchen?

Da ist genug Geld
Für alle Menschen.
Aber es gibt nicht
Genug Liebe, um für alle
Menschen das Herz zu öffnen.
Denn würden wir uns alle lieben,
Herrschte überall Frieden und
Wir würden mit all dem Geld der Erde
Alle Menschen versorgen.

Frühlingserwachen

Liebe sät Triebe
Mit Frühlingsgefühlen.
Die Blumen sprießen
Und die nächtlichen Parks
Sind voll von Paaren,
Die sich umarmen.

Warm genug,
Um wieder draußen zu sein.
Wild genug,
Um die Schmetterlinge zu spüren.
Heiß genug
Unter den Klamotten fummeln.

Der Frühling öffnet
Tor und Herz.
Die Frühlingssonne
Erweckt die Libido.
Bienen fliegen zu den Blumen
Und die Liebenden ernähren sich
Nur noch von Küssen.

Mitfühlen

Mein Herz schmerzt,
Wenn der Zweifel
In ihren Augen blitzt.

Es gilt nicht mir
Und doch spüre ich,
Wie sehr es mich zerreißt.

Ihr Glück ist mein
Größter Ansporn
Im täglichen Leben.

Mein Herz gehört ihr.
Erfährt sie Schmerz,
Leide ich mit ihr.

So lebe ich,
Um ihr Leben für immer
Zu verschönern.

Der wahre Weltretter

Die Welt
Hat genug Geld,
Aber zu wenig Liebe.

Geld kann die Welt
Nicht retten,
Auch wenn das alle glauben.
Wir haben heute mehr Geld
Als je zuvor, aber der Welt
Geht es dreckig.

Liebe kann uns retten.
Liebe kann die Welt
Besser machen.

Liebe ist der Pfad.
Liebe ist das Ziel
Und Liebe kann
Jeder Atemzug sein.

Unsere Herzen

Was Augen nicht sehen
Und Ohren nicht hören,
Spürt das Herz.

Das Herz erkennt
Liebe und Schmerz
Und es unterscheidet nicht.

Das Herz ist rein,
Wenn es nicht verwirrt
Wird vom Geist.

Das Herz ist zart
Aber auch stark
Genug für die harte Welt.

Das Herz wählt,
Denn die Zeit
Ist abgezählt.

Das Herz verschmilzt,
Ohne zu verfilzen.
Denn Liebe ist klar
Und wunderbar.

Eine Welt voller Liebe

Das Herz der Welt
Verlangt nicht nach Geld.
Es sehnt sich nach Liebe
Für ein schönes Weltgetriebe.

Eine Welt voll mit Liebe
Wird Kunstbetriebe erschaffen,
Die Filme über die Liebe
Und über das ewige Spiel machen.

Wo die Liebe lebt,
Wird es schön zugehen.
Denn liebende Paare
Werden die Welt bunt anmalen.

Liebe wird wachsen
Mit friedlichen Waffen.
Sie wird die Welt berühren
Und sanft alle verführen.

Eine liebende Welt
Mit zärtlichen Helden,
In der sich alle umarmen
An sonnigen Tagen.

Die Macht der Liebe

Die reine Macht
Ist die Liebe.
Sie hat die Kraft,
Uns alle zu retten.

Es gibt nie genug Liebe
Auf der Welt, sagt sie.
Aber mein Herz hat genug
Für die ganze Welt.

Liebe heilt
Und sie befreit.
Liebe stillt das Weinen
Und sie liebkost zärtlich.

In den Augen der Liebsten
Leben wir mit Wärme
Und vielfach wahrer
Als in unseren Selbstzweifeln.

Liebe ist Macht
Und sie ist wie das Licht.
Liebe hat die Kraft,
Uns alle glücklich zu machen.

Millionen einsame Herzen

Das einsame Herz
Kennt das Verlassen-werden
Und den nackten Schmerz
Einer zerbrochenen Seele.

Der Einsamkeit Pfand
Ist wie eine dunkle Hand,
Die sich ums Herz schlingt
Und fest zudrückt.

Allein sein in einer Welt
Aus Millionenstädten.
Allein sein in einer Welt
Mit Millionen suchenden Singles.

Gemacht oder verdammt.
Gesehen, aber unvereint.
Das Herz allein, gemeinsam
Mit anderen einsamen Herzen.

Den Arm zum Fenster gereckt
In dunkler Nacht nach dem Seelenpartner.
Zwei spüren sich, aber
Finden sich nie in dieser Welt.

Todesgefühle

Wenn die Liebste
Sich erbricht, als ob sie stirbt,
Spürst du, wie dein Herz zerbricht.

Streitet nicht!
Begrenzt ist unsere Zeit.
Manchmal kürzer, als wir denken.

Sät Samen der Liebe.
Begrenzt dumme Triebe.
Streichelt und kuschelt.

Der Tod scheidet
Selbst die größte Liebe.
Jeder Moment ist kostbar.

Liebt und genießt.
Keinen Moment gibt
Es ein zweites Mal.

Wenn die Liebste lebt,
Ist alles wunderbar
Und zählt.

Samt und Seide

Mit Flügeln aus Seide
Und Händen aus Samt
Halte ich deine Seele.
Mein magisches Gewand.

Zwei gleiche Seelenstücke.
Gefunden und vereint.
Der Traum wahrer Liebe
In antiken Zungen.

Wilde Küsse werden sanft.
Ein Ritt zu einer Welle.
Physis und Psyche und
Die Spiritualität.

Liebe ist Magie
Und vollendete Harmonie.
Du und ich sind
Der Liebe Kind.

Wir tanzen am Tag
Und schwimmen nachts
Im Ozean der Gefühle
Am Strand vereinter Herzen.

Zettelnotiz

Eine Notiz
Zerriss das letzte Band
Zur Geliebten.

Sie entschuldigt sich,
Dass sie gehen muss
Ohne mich.

Ein Zettel
Ist der letzte Rest
Einer langen Beziehung.

Leeres Bett.
Gefühle sind tief
Drinnen versteckt.

Blut läuft aus
Den Wänden und
Fühlt sich richtig an.

Nebel im Haus.
Die offene Tür
Führt ins gebrochene Herz.

Das Fest der Jahreszeiten

Liebe im Wandel
Der Jahreszeiten.

Im Winter ist's kalt.
Da wird die Liebe Balsam
Und Kuscheldecke zugleich.

Im Frühling blüht´s
Und die frischen Küsse
Blühen wie Krokusse.

Im Sommer ist's heiß
Und wenig trägt das Weib
Und der Mann wird geil.

Im Herbst fällt das Laub
Und eine Liebesburg wird gebaut,
In der wilde Spiele passieren.

Die Liebe schwingt,
Wie das Wetter klingt.
Wenn die Leiber sich paaren
Unter Sonnenstrahlen
Im ganzen Jahr.

Viel Liebe

Der Liebe Triebe
Entwachsen viele
Und leben neue Liebe.

Die Liebe zum Leben
Wird die Liebe mit
Mehr Feuer beleben.

Liebe deinen Nächsten
Mit deinem
Treuen Herzen.

Liebe nährt die Welt.
Sie hat viel mehr Wert
Als alles Geld.

Liebe träumt
In freien Räumen.
Denn nur Freiheit
Kann wahre Liebe zeugen.

Zartes Sehnen

Tage vergehen.
Sehnsucht quält
Und die Frage, wann
Wir uns wiedersehen?

Ein kleiner Flirt
Hat uns erhört.
Etwas ist geblieben
Im zarten Verlieben.

Wir trafen uns
Unterm runden Mond.
Zogen durch die Straßen
Mit mitternächtlichem Lachen.

Die erste Berührung.
Schüchtern fühlen.
Der erste Kuss
Auf dem roten Mund.

Dann ging alles schnell.
Wir endeten im Bett.
Wir mussten scheiden
Nach einer Nacht des Streichelns.

Nun sehne ich mich
Nach deinem Gesicht
Und träume vom Tag,
An dem ich dich wieder hab.

Ein altes Spiel

Die Jugend spielt
Ein altes Spiel
Aus Liebe und Zärtlichkeit.

Das erste Mal
Bedeutet allen viel.
Es ist die Initiation
In das eigene Selbst.

Wer sind wir
In den Augen der Liebe?
Wer sind wir
Im Spiel der Gefühle?

Die Jugend entdeckt
Und neckt sich
Mit ersten Küssen.

Die Jugend spielt,
Während sich Hände
In Hosen und unter
Röcke schleichen.

Erster Mai

Die Sonne blendet
Und ihre Hände
Kraulen meine Brust.

Der Tag ist schön
Und ich betört
Von ihren Lippen.

Ich will sie küssen
Und sie necken
In meinem Bette.

Ihr Haar ist weich,
Aber ich bin nicht weich,
Weil ich hart werde.

Wie unsere Ahnen
Wollen wir uns paaren
Und für immer bleiben.

Ein Tag im Mai.
Wir haben frei
Und lieben uns.

Nackte Sonne

Die Sonne lacht.
Ein nackter Tanz
Am weißen Strand.

Nackte Haut.
Meine hell und rosa.
Ihre dunkelbraun.

Später werden
Wir tanzen in den Clubs
Der Stadt und
Zum Beat unserer Herzen.

Noch später werden
Wir schlafen mit offenen Augen
Und besoffen vom Rausch
Der Körperlichkeit.

Zum Schluss werden
Wir kuscheln und uns
Unverständliche Liebesschwüre
Ins Ohr nuscheln.

Helle Farbe

Fühlen und
Dem Gefühl folgen.
Ihr Blick trifft mich
Und das Licht blitzt
Auf ihrem goldenen Haar.

Ihr schlanker Körper
Macht mich betörter,
Als ich sein will und
Sie raubt mir den Willen
Und macht mich zu ihrem
Willenlosen Gentleman.

Der Reiz ihrer Tattoos
Besänftigt meinen Blues.
Ihre langen Wimpern
Lassen mich ans Pimpern
Denken, aber da ist noch mehr.

Mein Lächeln entlockt
Ihr ein Lächeln.
Die Sonne spielt
Mit unseren Gefühlen.

Heimatliebe

Heimat ist Liebe.
Ein Ort, um sich
Fallenzulassen.

Heimat ist Vertrauen.
Das Bekannte schenkt
Dem Herz Wärme.

Heimat ist zart.
Die Sanftheit
Der Vertrautheit.

Heimat ist Frieden
Und das Gefühl
Sich auszuruhen.

Heimat ist Freiheit
Und nur wo Freiheit ist,
Kann echte Liebe sein.

Gefunden!

Liebe fiel
Mir in den Schoß
Und in ihrem Schoß
Fand ich mein Los.

Heute sind wir drei
Und unsere Herzen frei
Aneinander gebunden.
Wir haben uns gefunden
Und unserer Liebe
Ist ein Kind entsprungen.

Liebe fiel mir ein
Und sie sollte es sein.
Ihre weiche Haut und
Der Sanftmut ihrer Augen.

Ihre liebevolle Art
Machte mich schwach.
Ich erlag ihrem Charme
Und steckte ihr einen Ring an.

Das weiße Kleid wehte,
Als wir uns im letzten
Sommer vermählten.

Morgens im Bett

Liebe spiegelt
Sich in unseren Küssen
Und Beckenstößen.

Umschlungen zwischen
Den Kissen gerungen
Und lüstern eingedrungen.

Gelacht mit voller Kraft,
Kurz bevor er kam
Und sie wild stöhnte.

Unsere Gefühle wühlen
In den Morgenstunden
Mit wilden Küssen.

Gefunden und unsere
Herzen verbunden, um sie
In romantischen Stunden
In wilder Harmonie zu erkunden.

Kindheitsliebe

Kindheit zwischen
Mut und Feigheit,
Das Mädchen meiner Träume
Anzusprechen.

Wie sehr hab ich sie geliebt
In meiner Fantasie.
Ich ging eine Beziehung
Mit ihrer besten Freundin ein,
Nur um ihr nahe zu sein.
Es endete in einer Katastrophe
Und meine Traumfrau nannte mich
Einen unmännlichen Loser.

Jahrzehnte ist es her,
Seit ich ihr hinterherlief
Und ihr heimlich
Liebesbriefe schrieb.

Der Junge von damals
Ist ein Mann geworden.
Den Jungen von damals
Gibt es nicht mehr.
Der Junge von damals
Ist heute glücklich verheiratet
Und begreift, dass es das Beste war,
Sie nie zu bekommen.

Freudige Treue

Treue ohne Reue.

Blauäugige Jugend
Ließ mich in die falschen
Arme fallen.

Innere Tränen und
Endlose Alkoholströme,
Um den Schmerz
Zu überwinden.

Der reife Mann
Hat erkannt,
Worauf sich wahre
Liebe gründet.

Treue und Loyalität
Und zwei Herzen,
Die den Weg zusammengehen
Und den Rest der Welt vergessen.
Zweisam ist man nicht einsam,
Sondern gemeinsam.

Ein Kind der Liebe

Liebe fiele
Mir in den Schoss
Und sie ward das Kind
Meiner Träume.

Geboren mit Liebe.
Gezeugt mit wahrer Liebe,
Möge Liebe jeden Schritt
Auf ihren Wegen begleiten.

Ich liebe mein Kind,
Wie ich ein Kind bin,
Das geliebt wird
Und geliebt wurde.

Der Liebe zum Kind
Wohnt die Kraft inne,
Die Welt in eine Blüte
Voller Frieden zu führen.

Liebe ist mein Ziel
In der Erziehung meines Kindes.
Die platonische Liebe zur ihr
Resultiert aus der sinnlichen Liebe
Zu ihrer liebenswerten Frau Mama.

Liebesgrüße

Liebesspiel
Mit dem Sieg
Der Herzen.

Liebessong,
Wie der Gong
Wahrer Romantik.

Liebesbriefe,
Die geschrieben
Unsere Liebe auslösten.

Liebesgeschenk,
Das Befreiung bringt,
Ohne sich zu verrenken.

Liebesorakel,
Wie vom alten Onkel
Erraten.

Liebesbotschaft
Mit der Macht,
Liebe zu erschaffen.

Paradiesisch

Einfach nur Liebe.
Ohne Zweifel. Ohne Angst
Haben zu müssen.

Einfach nur fühlen.
Ohne gefährliche Grenzen
Spüren zu müssen.

Einfach nur lachen
Über die richtigen Sachen
Mit der richtigen Person.

Einfach nur träumen
In freien Räumen
Ohne falsche Schranken.

Einfach nur Sein
Im Liebeshain
Mit einem verbundenen Herzen.

Einfach lieben
Und sich treiben lassen
Ins Paradies.

Wirbelwind

Welt dreh dich.
Dreh mich mit dir,
Bis uns schwindlig wird.

Herz lache.
Lache mein Herz
Und befreie mich
Von der Schwere.

Ich will sie sehen,
Sie spüren, sie berühren
Und sie verführen,
Sich zu mir zu legen.

Welt dreh dich wie ein Kreisel.
Welt nimm mich mit auf eine Reise,
Die mich zurück zu ihr führt.

Welch Gefühl rührt
In meinem kleinen Herzen.
Welch Gesicht berührt
Mein inneres Wesen.

Welt dreh dich immer schneller.
Welt breite deine Flügel aus
Und trage uns davon.

Mangelware

Liebe gefiele vielen,
Wenn sie nicht
So selten wäre.

Eine Million Singles
Allein in Berlin,
Die sich jede Nacht
Nach Nähe sehnen.

Wieso ist Liebe so schwer?
Jeder Mensch hat ein Herz,
Das sich verbinden will.
Wieso finden sich so wenige?

Liebe ist Mangelware
In einer Stadt, die alles hat.
Es gibt jede Konsumware,
Selbst Sex ist käuflich,
Aber Liebe rar gesät.
Wer suchet, der findet,
Aber wer zu viel sucht,
Übersieht die Chancen der Liebe.

Meine Familie

Liebe in der Familie.
Wenn die Sinnlichkeit
Kindliche neue Triebe zeugt.

Lange träumte ich
Vom Familienglück.
Es war mir nicht vergönnt
Und ich glaubte, ewig allein zu sein.

Dann geschah das Wunder,
Als schon alle Hoffnung fort.
Sie kam von einem fernen Ort
Und entführte mich sofort.

Wir fanden uns
In kalter Nacht auf Berlins Straßen.
Die Nacht war zart.
Keine Körperlichkeit, aber Ehrlichkeit,
Die uns beiden gefiel.

Wir blieben mehr,
Als nur aneinander kleben.
Wir lernten uns zu lieben.

Dann kam der Tag,
An dem mein Traum wahr wurde
Und ich Vater
Einer wunderschönen Tochter wurde.
Am Ende wurde alles gut und der Traum wahr.

Tiefe

Gefühle.
Tiefes spüren.
Sich an den Händen berühren.

Wir lieben uns
Am Tag und in der Nacht.
Heute Morgen haben wir
Unter der Bettdecke gelacht.

Wir tanzen
Ohne Sachen.
Wir heiraten
Ohne Raten.
Wir geben hundert Prozent
Und ein Kind der Liebe.

Ich sehe und sehe nicht genug.
Denn meine Augen reichen nicht,
Um die Tiefe zu spüren,
Die zwischen uns ist.

Ich küsse dich
Und lasse mich
In unsere Magie fallen.

Die Eine

Die wahre Liebe
Unter tausend schönen Frauen
Zu finden war schwer.
Ich fand die eine in dem Meer
Aus Möglichkeiten.

Die richtige Wahl
Erspart die Qual.
Das wahre Glück
Liegt im Augenblick.

Die Eine zu finden,
Mit ihr Kinder zu kriegen
Und eine Familie zu gründen,
Wird dieser Tage eine kostbare Seltenheit.
Zu leicht zerreißt Streit
Oder geht einer fremd
Bei all den Möglichkeiten und
Der Notgeilheit unserer Zeit.

Das Glück zu haben,
Mit der Wahren abends einzuschlafen,
Ist wunderbar.

Klitsch Klatsch

Es regnet
Und du begegnest mir
In der vertropften
U-Bahnstation.

Ich sehe,
Dass du mich siehst,
Aber ich verlegen
Weggucke.

Verlegener Mann.
Schüchterne Frau.
Ein Vulkan an Emotionen,
Während die gelbe Schlange einfährt.

Stille Blicke
Durch die Reihen der Sitze.
Wir sind uns nah
Und unerreichbar fern.

Du stehst auf
Und ich zögere.
Soll ich dir hinterherlaufen
Oder für immer bereuen?

Kleine Gemeinsam

Einsam. Zweisam. Dreisam.

Ich war allein.
Ganz allein.
In dieser riesigen Welt.
Mit Millionen Menschen.
Mein Herz schmerzte.
Spürte meinen Wert nicht.
Allein. Ganz allein.

Dann kam sie.
Sie war nett.
Sie umarmte mich,
Ließ mich in ihr Herz.

Wir liebten uns.
Zu zweit. Wir fuhren zu zweit.
Gemeinsam in dieser riesigen Welt.
Zusammen unter Millionen.

Zwei Striche.
Ein runder Bauch.
Das Wunder ist unglaublich.
Als das Wasser brach.
Es geschah. Klein und zart.
Das Wunder war wahr.
Unser Kind war da.

Tausendschön

Tausendschön,
Ich will dich wiedersehen.
Tausendschön,
Ich will dich spüren.
Tausendschön,
Ich will mit dir gehen.

Deine Haut war die Inspiration
Für ein Gedicht, in dem der Jüngling
Von der Liebe seines Lebens spricht.

Deine Augen ließen Sänger
Die schönsten Töne
Von wahrer Liebe singen.

Dein Haar war der Stoff
Für den Liebesroman,
Der noch in tausend Jahren gelesen.

Tausendschön,
Rette mich aus meiner Lethargie.
Denn ich leide jede Sekunde,
Die ich nicht bei dir bin.
Tausendschön, erhöre mich
Und rette mein Herz vor
Der grässlichen Sehnsucht nach dir.

Füreinander bestimmt

Weiche Haut.
Weites Dekolleté.
Wahre Gefühle.

Unsere erste Berührung
Ließ die Engel tanzen.
Unser erster Kuss
Hat einen Orkan ausgelöst.

Meine Finger kreisen
Auf romantische Weise
Über deinen lieblichen Leib.

Können zwei aufhören
Zwei zu sein und vollkommen
Verschmelzen so wie wir?

Unser Traum
Unterm Abendhimmel.
Hinten beim Kirschbaum
Sitzen wir.

Ich liebe dich,
Schreibe ich
Mit meinem Finger in die Luft.
Du liebst mich,
Antwortest du mir,
Indem du mich küsst.

Liebesklänge

Ein Lied der Liebe
Auf meinen Lippen,
Um deine Lippen
Endlich zu küssen.

Die Melodie der Herzen
Sät Harmonie in allen Herzen
Und sie schwingt,
Wo Liebesschwüre klingen.

Der Rhythmus der Becken,
Die sich unter Decken necken,
Erweckt die Wollust
Der liebenden Seelen.

Das Orchester der Leidenschaft
Hat die Kraft, die Liebesnester
In heiße Ort zu verwandeln,
An dem sich Liebende schlängeln.

Die Flöte der Sinnesfreude
Treibt die Schamesröte
Ins Gesicht der jungen Frau,
Die mich danach massiert.

Zwei-Einheit

Zwei Tränen verschmelzen
Und ihre beiden Welten
Werden zu einer.

Zwei Herzen schlagen
Im Einklang miteinander.
Ihr Rhythmus wallt
Der Liebe unendliche Kraft.

Zwei Lippen küssen
Und in ihren Lüsten
Verführen sie sich,
Um tiefer zu fühlen.

Zwei Menschen lieben
Und folgen ihren Trieben
In nächtlichen Spielen
Unter der Bettdecke
Und mit weichen Kissen.

Zwei Hände halten sich fest,
Um sich emotional zu entfalten.
Der gemeinsame Weg
Wird zum Lebensziel.

Warme Arme

In den Armen.
Den warmen Armen.
Armen zum Laben.
Arme, um sich
Fallen zu lassen.

Die roten Lippen,
Die sich verwegen küssen
Und sich mit dem Tau
Der Seele benetzen.

Der weiche Schoß
Ist das Los von zwei
Liebenden Herzen,
Die verschmelzen
Auf allen Ebenen.

Ein kleiner Moment,
Der wild entbrennt
Im Feuer der Leidenschaft
Einer Liebesnacht.

Sanfte Küsse
Zwischen Kissen.
Körper entdecken
Unter der Bettdecke.
Phallus und Vulva suchen,
Um den Einklang zu finden.

Liebesstern

Verliebt
In dich.
Verloren
In dir.

Unendliche
Gefühle.
Ewige
Liebesschwüre.

Eine Nacht
Vereint.
Dein Kuss
Befreit.

Empfindungen
Des Neuen.
Heilung
Der Teilung.

Zwei Herzen
Verbunden.
Ein Weg
Der Ewigkeit.

Ihr Kleid.
Sein Arm.
In der Brust
Ist es warm.

Liebesspiele
Mit Kopfkissen.
Zusammen
Einschlafen.

Unser erster Blick

Ein Blick
Und ich war gefangen.
Es gibt kein Zurück.
Ich will dich haben.

Ein Herzschlag
Trennt mich von dir.
Ich will jeden Tag
Mit dir verbringen.

Eine zarte Berührung
Und ich schmolz dahin.
Des Schicksals Führung
Lenkt den romantischen Frühling.

Ein erster Kuss
Und ich war im Paradies.
Ich will deinen Mund
Ein Leben lang genießen.

Eine erste Nacht
Macht alles wahr.
Der Liebe Pracht
Erstrahlt bis ans Ende der Zeit.

Zufällige Begegnungen

Kleine Momente,
In denen das Leben echter
Wirkt als sonst.

Eine Berührung.
Ein Blick.
Ein Lächeln.

Ich vergesse nicht
Die Weichheit ihrer Haut.
Ich werde mich trauen,
Sie zu fragen, aber
Als ich sie gestern sah
In ihrer Vintage-Lederjacke,
Da spürte ich meine Lust.

Ihr Po wackelte vor mir
Und ich schmolz innerlich.
Ihr braunes Haar, weder kurz noch lang,
Bewegte sich bei jedem Schritt
Und nahm meine Sehnsucht mit.

Ihr Lächeln ist neckisch
Und meine Gefühle träumerisch.

Mein Mädchen

Mädchen, ich liebe dich.
Mädchen, hörst du mich?
Ich liebe dich!

Ich schreie es laut,
Denn es muss raus:
Ich liebe dich. Für mich
Bist du die schönste Frau.

Dein Leib, mein Weib,
Begeistert mein Herz.
Deine Lippen will ich küssen
Und mich an deine Brüste drücken.
Dein Po ist rund und tut
Meine Gelüste heiß kochen.
Mein Mädchen, ich liebe dich!

Überschwänglich sing ich
Deinen Namen in den Straßen.
Alle sollen wissen, ich liebe dich!

Dein Gesicht ist ein Gedicht.
Deine Haut ist weich und
Macht mich heiß.
Dein Schoß ist groß und
Deinen Augen will ich trauen.
Mein Mädchen, ich liebe dich!

Der Liebe grüne Triebe

Der Liebe Triebe
Sind freie Ziele,
Die sich treu binden
Und so das höchste Glück finden.

Der Liebe fiele es leicht,
Die Welt zu befrieden.
Aber die freie Liebe ist selten
In der reglementierten Welt.

Es gibt Regeln für alles.

Etwa die Größe eines Mannes
Oder sein Portemonnaie.
Bei der Frau tut es weh, zu sehen,
Wie sie sich krank hungert,
Um den Idealen zu gefallen.

Wäre der Liebe Ziel
Frei und rein zu sein, würde die Welt
Bald eine bessere sein.

Wäre der Liebe Trieb
Ein reines Ziel wahrer Emotionen,
Wäre lebenslanges Glück der Lohn.

Eine Nacht

Der Morgen danach.
Das Lächeln auf beiden Lippen.
Es war eine wilde Nacht
Mit lüsternen Küssen.

Das Reiben nackter Leiber
Und ihre Vereinigung.
Die Macht schöner Weiber
Und ihre sinnliche Befreiung.

Sie küsste mich
Und ich war verzaubert.
Ihr liebliches Gesicht
Hat mir den Verstand geraubt.

Die Nacht war lang
Und voller Zärtlichkeiten.
Aus dem tierischen Drang
Wurde exotische Wirklichkeit.

Die weiche Bettdecke
Ist unser Liebesreich.
Ihr sanfter Busen rettet
Mich vor dem Ausbleichen
Meiner Liebesfähigkeit.

Verwirrt

Wege zurück zu dir
Aus dem Dschungel
Meiner Gefühle.

Ich betrüge dich nicht
Mehr mit der Unreife in mir.
Dafür stehe ich zu dem Ziel
Unserer unsterblichen Liebe.

Gefühle verwirren
Und wir verirren uns
In einem Strudel aus Gedanken,
Die der Chance unserer Liebe
Schranken setzen.

Nicht im Kopf;
Im Herz. Sei im Herz
Und alles wird ganz
Natürlich gelingen.

Wege zu dir
In der Welt der Phänomene.
Liebe zu dir
Ist mein einziges Lebensziel.

Höret und staunet!

Wenn das Herz hört,
Hört es mehr als tausend Ohren.
Wenn das Herz schaut,
Sieht es mehr als tausend Augen.

Wir sind blind,
Obwohl wir Augen haben
Und taub, trotz unserer Ohren.

Wir sehen und hören nicht,
Weil wir nicht
In unseren Herzen sind.
Wir sind draußen und schauen
Und wir hören die Welt
Und überhören uns selbst.

Wer wahrhaft hören will,
Muss fühlen lernen.
Wer wahrhaft sehen will,
Muss eins mit seinen Gefühlen werden.
Wer wahrhaft lieben will,
Muss die Liebe sehen und hören.
Sie ist da und sie wartet auf uns.
Wagen wir ihr entgegenzugehen.

Mitlieben

Mit Liebe im Leben
Lässt sich schöner leben.

Mit Liebe wird die Welt bunt
Und das Leben ein Spiel.

Mit Liebe tanze ich
Um dich herum.

Mit Liebe träumt es sich besser
Von einer Welt der Liebe.

Mit Liebe fielen
Mir tausend Liebesspiele ein.

Mit Liebe lässt sich lachen
Über alle möglichen Sachen.

Mit Liebe lebt es sich
Paradiesisch schön.

Liebe bleibt

Weißes Fleisch.
Schwarzes Fleisch.
Liebe macht alle gleich.
Liebe vereint.

Selbst Jerusalem könnte lachen,
Würden sie nur die freie Liebe
Zulassen. Dann würden sie aufhören,
Sich ständig gegenseitig zu ermorden.

Liebe heilt die Welt.
Liebe heilt mein Herz.
Liebe bleibt.

Vergiss den Hass, die Wut
Oder die ewige Rache.
Wer braucht den Scheiß
In einer Welt, die von Liebe geheilt?

Vergiss Hierarchie und Status.
Vergiss Vorurteile und Arroganz.
Einfach nur lieben und damit
Alle Herzlosigkeit besiegen.

Lieben wir uns,
Als ob es keinen Morgen gibt.

Unwiderstehlich

Ein wilder Ritt
Mit tiefer Verbindung.
Küsse geschwind
In den Schwung.

Zwei nackte Leiber
Sind enthemmt
Und vereinen,
Was vorher verklemmt.

Ein altes Bett,
Das leise knarzt,
Während der Ritt
Hart macht.

Ihr Haar webt
Und fällt mir ins Gesicht.
Unsere Körper verlinkt
Wie ein sinnliches Gedicht.

Ihr Atem wird wilder
Und der Höhepunkt naht.
Wie auf den Aktbildern
Kommt das Finale.

Liebeskind

Das Glück der wahren Liebe
Wird gekrönt mit einem Kind der Liebe.
Wenn sie in meinen Armen einschläft,
Dann ist die Welt in Ordnung.

Ihr krauses Haar vereint
Elemente von mir und ihrer Mutter.
Ihr Lächeln hat sie von Mama
Bekommen. Es hat mich eingenommen.

Unsere Liebe bleibt zart
Zwischen Frau und Mann.
Sinnlichkeit verändert sich,
Wenn man ein Kind hat.

Die Momente sind selten
Und umso kostbarer.
Sie fühlen sich intensiver an
Als alles davor.

Ein Kind der Liebe
Gemacht von zwei Liebenden.
Unsere Gefühle sind sinnlich,
Während unser Kind vergnügt spielt.

Das Klavier

Das alte Klavier
Spielte eine traurige Melodie
An dem Tag, an dem wir
Uns trennten.

Dein Geruch ist noch hier.

Ich weiß nicht, wie viele
Berge ich anheben muss,
Um das Geheimnis zu finden,
Um dich zurückzukriegen.

Deine Küsse spüre
Ich noch auf meiner Haut und das Gefühl,
Ohne sie weiterleben zu müssen,
Erdrückt mein Herz.

Das alte Bild von diesem Tag,
Als du im Park auf mir saßt,
Spielt in meinem Geist wie ein Geist
Aus einer längst vergangenen Zeit,
Die so weit und unmöglich erscheint,
Dass ich kaum glauben kann,
Dass wir je zusammen waren.

Das alte Klavier
Spielt diese traurige Melodie
Und ich sehe dein Gesicht
Im Regen am Himmelszelt.

Eine Gesellschaft der Liebe

Liebe dein Land
Und vergrabe deinen Hass.
Das Volk kann blühen,
Wenn wir uns rühren
Und gegen Unrecht auf die Straße gehen.

Liebe deine Familie
Und mach deine Ziele
Zu ihrem zukünftigen Glück.

Liebe dein Spiegelbild
Und kümmer dich nicht
Um die Stimme in dir,
Die dauernd zweifelt.

Liebe kann heilen,
Wo Politik versagt.
Liebe kann vereinen,
Wo die Demonstrationen
Es einfach nicht schaffen.
Liebe kann lösen,
Was vorher unlösbar erschien.

sinnlich

Liebe.
Fallen lassen.
Herz.

Küsse.
Eng umschlungen.
Spüren.

Umarmen.
Sich festhalten.
Wärme.

Koitus.
Sanfter Erguss.
Seufzer.

Haare.
Rasierter Scham.
Zungen.

Gefühle.
Eine unsterbliche Liebe.
Sonnenuntergang.

Clique

Wir träumten
Auf den Wiesen,
Als wir Teenager waren.
Wir träumten von
Der großen Liebe.

Wir haben uns
Aus den Augen verloren.
Die ganze Clique ist zerstreut
In tausend Winde.

Was geschah mit euch
Und viel wichtiger,
Was wurde aus eurem Traum?
Habt ihr die Liebe gefunden?

Vielleicht liegt ihr jetzt mit dem
Oder der, der euer Herz gehört
Und die die zweite Hälfte eurer Seele ist.

Ich wünsche es euch.
Auf das ihr nicht einsam seid
Und euer Leben bereut und

Falls ihr mich fragt: Ja, ich hatte Glück
Und hab nach langem Warten
Die große Liebe gefunden.

Echte Liebe

Nacktes Fleisch reicht
Mir schon lange nicht mehr.
Ich will mehr.

Ich will die Schmetterlinge spüren
Und unterm Vollmond
Deine Lippen berühren.
Ich will fühlen,
Dass unsere Liebe unsterblich ist.

Im strahlenden Sonnenschein
Will ich mit dir zusammen sein
Und in den Sommernächten
Will ich dich betten.

Mehr als Haut.
Mehr als Lippen.
Mehr als die Rundungen
Ihres Pos und ihrer Titten
Ist das Gefühl und das ist,
Was ich will. Sex gibt's
An jeder Ecke, in jeder Bar,
In jedem Club, in jeder App.
Aber echte Liebe
Hat Seltenheitswert in dieser Welt.

Krauses Haar

Heißer Schweiß
Tropft auf die Bettdecke.
Dein nackter Leib
Erweckt das Tier in mir.

Wir haben uns gefunden,
Wo sich die Wurzeln
Der Bäume berührten
Und wir haben uns geliebt
Im Sturm, wie es in Filmen geschieht.
Wind und Regen peitschten,
Während wir uns vereinten.

Die Schatten deiner Vergangenheit
Wogen schwer und sie bedeckten
Unsere Liebe. Das schwarze Loch
Deiner Zeit führte zum Streit
Und wir rannten in
Verschiedene Richtungen.

Wir waren episch
Und erotisch. Aber etwas fehlte,
Um zu überstehen und es blieb
Ein Schatten einer Liebe.

Paradiesische Aussichten

Eine Augenbraue
Und ihre braunen Augen.
Ein Lidschatten
Und das Schmatzen
Ihrer feuerroten Lippen.

Der knackige Po
Und der volle Mund.
Die Wölbung ihrer Brust
Und der erste Kuss
Nach sehnsüchtigem Warten.
Füße einer Fee,
Schön anzusehen.
Beine wie ein Model,
Während sie ihr Haar schüttelt
Und Männer weiche Knie kriegen.

Ein tiefes Dekolleté.
Schwarzer Lack auf dem Zeh.
Ihr Arm schlingt sich
Verführerisch um mich
Und ich bin endlich
In der Stadt des Paradieses.

Gemeinsam dreisam

Gemeinsam zweisam.
Heute sind wir
Dreisam.

So viele Jahre
Waren wir getrennt einsam;
Heute sind wir zusammen
Gemeinsam.

Das Gefühl
Zusammenzugehören
Ist wunderschön.

Das Leben als Paar mit Kind
Ist wie der Glücksklee,
Der vier Blätter hat.

Gemeinsam dreisam
Und niemals mehr einsam.
Zusammengehören und
Sich kuschelnd ehrlich zuhören.

So viel Glück und
So viele glückliche Jahre,
Die vor uns liegen.

Sinnlicher Überfall

Ihr nackter Leib
Auf meinem Schoß.
Mein glücklicher Geist
Genoss den Ritt.

Ihre sinnliche Wollust
Hatte mich geküsst.
Ihre nackte Brust
Weckte meine Lust.

Die Dunkelheit
Umfasste alles.
Sie verlor ihr Kleid
Und verschenkte orales.

Ein kleiner Koitus
Und sie lachte.
Ein sinnlicher Kuss
Als letzter Dank.

Sie schlief ein
In meinen Armen.
Mein Liebeshain
Erstrahlte.

Lieben können

Wieder lieben,
Ohne Angst davor haben,
Sich zu verlieben.

Wieder die Angst
Am Lieben verlieren
Und lieben ohne Angst
Vorm Lieben.

Zu oft verletzt.
Zu oft getrennt.
Zu oft gefickt.
Das Herz wurde stumpf
Und oberflächlich, aber ich will
Zurück zur echten Liebe.

Viel lieben und
Sich öffnen.
Viel kuscheln
Und die Liebe fließen lassen.
Viel fühlen
Und spüren, was Liebe ist.

Wieder lieben,
Als ob wir
In den Himmel fliegen.

Bettphilosophie

Liebe ist
Der Sinn des Lebens.
Liebe ist
Das Schöne am Leben.

Liebe ist
Mein Traum und ich schaute
Mir viele Frauen an,
Ehe ich die Liebe fand.

Liebe ist
Ein schönes Spiel,
Solange man höflich
Und zärtlich zueinander ist.

Liebe
Heile die Welt
Oder anders gesagt:
Unserer Welt fehlt Liebe.

Liebe ist
Der Weg zum Weltfrieden
Und liebevoll kuscheln
Wir heute im Bett.

Animalische Liebe

Sex und Liebe
Sind wie ein Kreisel.
Sie ziehen sich an
Und stoßen sich ab,
Wenn der Respekt fehlt.

Sex macht Liebe
Außergewöhnlich schön.
Sex kann Liebe
Durch Brutalität zerstören.

Liebt euch zärtlich.
Liebt euch hart.
Reitet euch wild
Und streichelt euch.
Aber respektiert euch
Für echte Harmonie.

Wer mehr nimmt,
Als der andere geben will,
Ist der Feind der Liebe Geist.
Liebe ist Freiheit
Und nimmt nur, was freiwillig gegeben.

Liebt euch und fickt
Romantisch mit Zärtlichkeiten.
Streicheleinheiten beim Akt
Geben Gänsehautgefühl.

Sommergefühle

Kurze Rocke.
Nackte Beine.
Tiefe Dekolletés.
Der Sommer ist da.
Hip hip hurra.

Schmetterlinge flattern
Und Hormone hämmern.
Rote Lippen warten
Auf ein williges Opfer.

Verstohlene Augenblicke.
Zufällige Berührungen.
Magische Momente
In den Dünen am Strand.

Ein Mädchen träumt
Und der Prinz kommt angeritten.
Ein Junge schäumt
Nach dem ersten Ritt seines Lebens.

Ihr kurzer Rock
Hat mich angelockt.
Aber ihre Arme um meinen Hals
Halten mich fest, während ihre Lippen
Ihren Weg finden.

Entfache das Feuer

Entzünde das Feuer meines Herzens.
Die einsamen Nächte der Schmerzen
Enden in diesen Wänden
Mit dir im Arm.

Waren all die Jahre nur der Pfad
Zu dir und der Wärme
Deiner unendlichen Liebe?

Du fandest mich,
Als ich mich längst verlor
In der Dunkelheit der Anonymität
Meiner selbst.

Du bist der Schutzengel
In meinen vier Wänden
Und rettest mein Herz
Nach Jahren des Schmerzes.

Entzünde das Feuer unserer Liebe.
Ich sorge dafür, dass es ewig brennt
Und dass unsere Liebe ein Zeichen
Der Hoffnung in der Dunkelheit
Dieser Stadt ist.

Regenschauer

Der Regen fällt.
Das Land wird getränkt.
Du liegst in meinem Arm
Und wir hören dem Prasseln zu.

Drinnen unter der Decke
Ist es kuschelig und warm.
Draußen tobt ein Sturm
Und die Menschen sind einsam.

Wir haben uns gefunden.
Es ist ein liebendes Wunder.
Wir hatten Sehnsucht,
Aber schon lange keine Hoffnung mehr.

Mein Kuss befreit dich.
Du streichelst mich und
Ich fliege erst zum Mars
Und dann weiter zur Venus.

Der Regen prasselt
Und wir kuscheln.
Dichte Wolken hängen am Himmel
Und du hängst in meinem Arm.

Das Gesetz der Welt

Liebe rettet die Welt,
Denn Liebe erschuf die Welt,
Liebe ist die Welt.

Die Macht der Liebe
Besteht aus unendlich viel
Güte und Herzlichkeit.

Sanftheit und Vertrauen
Sind die Flügel der Liebe
Im Sturm des Lebens.

Weichheit streichelt
Und verbindet zwei Herzen
Zu einer Einheit.

Liebe verbindet,
Was zusammengehört.
Liebe verschmilzt.

Eine Welt der Liebe ist schön.
Wäre Liebe endlich das Weltgesetz
Wären wir gerettet.

Es begann

Leere Worte.
Zerrissene Herzen.
Das Ende kam schneller,
Als die Nacht verging.

So viele kamen und gingen
Auf meinem Weg, Liebe zu finden.
Ich brach Herzen
Und mein Herz brach.
Ich nutzte und
Wurde benutzt.
Vorgespielte Gefühle
Und gespielte Gefühlslosigkeit.

Als sie mich fand,
Bestand keine Hoffnung.
Als wir uns fanden,
Erbebte das Land.
Als unsere Liebe begann,
Wurde ein Traum wahr.

Das Wunder besteht darin,
In dieser oberflächlichen Welt
Echte Liebe zu finden.

Vulkan

Nacktes Fleisch
Ist der Preis.
Hartes Training
Der Weg dorthin.

Ich will ihr Dekolleté.
Sie meinen Waschbrettbauch.
Wir wollen angeben,
Wenn wir uns unseren Freunden
Vorführen.

Wir sind heiß.
Der Preis ist heiß.
Wir ziehen die Blicke
Voller Neid auf uns.

Es kracht wie jede Nacht.
Erst der Streit,
Dann der Versöhnungssex.
Das ist unser Rhythmus.
Das ist unser Geheimrezept.
Wir sind wie Feuer und Eis.
Wir sind zwei Magnete,
Deren Pole sich ständig ändern.

Willige Sommerblicke

Augenbrauen gemalt.
Weiter Ausschnitt.
Zwei Traumfrauen,
Die mich abchecken.
Die beiden sind heiß
Und die beiden sind offen.
Kein Scheiß, ich gefalle denen,
Aber mein Finger ist Gold.

Ein kleiner Ring ist mehr wert
Als heißer Sommersex.
Meine wilden Jahre sind vorbei,
Ich hatte genug davon,
Um zu wissen was wahrer Wert
Und bessere Liebe ist.

Schnellen Sex mit heißen Girls
Gibt's überall in Berlin.
Ich habe so viele in meinem
Bette gesehen. Das war damals,
Als ich ein Player war und alles hatte
Außer einer glücklichen Beziehung.

Sex ist schnell.
Liebe ist langsam.
Sex ist geil.
Liebe ist tief.
Beides zugleich zu kriegen
In diesen schlüpfrigen Zeiten,
Ist das achte Weltwunder.

Unsterbliche Gefühle

Endlose Gefühle.
Ewige Liebe.
Ich schwor,
Nachdem ich dich auserkor.

Unsere perfekte Liebe
Ist wie die Sterne.
Unsere Kinder
Werden Liebe erben.

Mein Herz schlägt
Synchron mit deinem.
Unser gemeinsamer Weg
Ist eine unzerstörbare Einheit.

Unsere Liebe ist der Fels
In der größten Brandung.
Die ganze Welt soll hören,
Wie verbunden wir sind.

Unsere unsterbliche Liebe
Strahlt bis zum Himmel.
Meine Lippen werden die deinen
Für immer benetzten und
Meine Arme werden dich
Für immer tragen.

Treue

Singles mingeln
Und wundern sich,
Wenn sie keinen Lebenspartner finden.

Treue macht eine Beziehung stark.
Der Pfad des Herzens verletzt
Den anderen nicht.

Singles mingeln
Und tingeln mit Tinder
Von Date zu Date
Und wundern sich,
Wenn sie stumpf werden.

Hundert Dates
Und keine dabei.
Hundert Dates
Mit Sexerlei.
Hundert Dates.
Menschen als Massenware.

Der Weg der Partnerschaft
Entsteht aus der Macht der Treue,
Die ohne Reue ehrlich bleibt.

Nur die Eine

Liebe viele
Oder eine für immer.

Ich probierte viele
Zu lieben und verlor
Mich dabei.

Heute liebe ich eine
Und bin ein glücklicher Mann.

Wie viele müssen wir lieben,
Um uns geliebt zu fühlen?
Ich fühle mich geliebt
Und weiß, es ist nur eine.
Aber die Großstädter verstehen das nicht
Und so wälzen sie sich
Einsam jede Nacht hin und her,
Selbst wenn sie nicht allein sind.

Liebe viele,
Aber wunder dich nicht,
Wenn du dich verlierst.

Dein Weg

Müde Augen.
Ein gebrochenes Herz.
Verlorener Selbstwert.

Eine lange Nacht
Ohne ausreichend Schlaf.
Im Kopf nur ein Gedanke.

Wie kriege ich sie zurück?
Denn sie ist alles,
Was fehlt zu meinem Glück.

Sie ging nach einem Streit.
Jeder Moment Zeit, der verstreicht,
Ohne sie, ist eine Qual.

Ein paar Worte
Gesagt ohne Sorgen,
Zerstörten alles, was wir hatten.

Nur ein kleiner Fehler
Und unsere Beziehung ist
Wie ungeschehen.

Es gibt kein zurück,
Aber ohne sie werde ich nie
Wieder glücklich!

Gut und böse

Das Gute und das Böse.
Egal, auf welcher Seite man steht.
Man glaubt immer
Bei den Guten zu sein.

Hitler und Stalin
Glaubten der Welt einen Gefallen zu tun
Mit ihren Massenmorden.

Die Vernichtung
Der Indigenen in Australien und den Amerikas
Hielten die Eroberer für Gotteswerk.
Selbst Serienmörder
Glauben mit ihrem Wahn,
Den Opfern Befreiung zu schenken.

Was ist gut und was ist schlecht?
Am Ende steht fest, alle wollen lieben.
Somit wird die Liebe zum Kompass
Und wer die Liebe vermehren kann
und die Menschen heilt,
Der ist eine gute Frau oder ein guter Mann.

Der erste Schwarm

Ja. Nein. Vielleicht.
Das war Grundschulliebe.
Kleine Zettelchen zum Ankreuzen
Und Taschentücher zum Heulen,
Falls sie nein sagt.

Ich sah sie.
Ihr blondes Haar flog.
Wir waren in der fünften Klasse.
Ich schrieb ihr einen Brief
Und malte ihr ein Bild dazu.
Ein Freund brachte ihn ihr
Und er brachte mir die Nachricht,
Dass sie darüber lachte.

Ich starb.
Ich erwachte nachts
Und weinte still.
Mein Traum zerplatzt.
Mein Herz Matsch.
Alte Grundschulzeit.
Heile Welt mit gebrochenen Herzen.

Eine Nacht am Strand

Das Leben fließt.
Die Sonne scheint.
Einfach den Moment genießen.

Ein Sonnenuntergang.
Am Strand mit dir
Hand in Hand.

Der Kuss im Zwielicht.
Die Nacht beginnt
Und ich streichel dich.

Zwei werden eins.
Diese Nacht wird uns
Für immer vereinen.

Sand zwischen den Zehen.
Unsere kleinen Leben
Sind wie Sternenstaub.

Wir haben uns gefunden
Und werden eins bleiben.
Auf ewig verbunden.

Fake Apps

Kein Glück.
Kein Kuss.
Eine einsame Nacht
In dieser großen Stadt.

Dutzende Apps,
Aber alle sind fake.
Sie wollen Sex oder Geld.
Gibt es keine mehr,
Die was auf Liebe hält?

Dating im Internet.
Alle sind nett, ehe sie ghosten.
Dating ist krank.
Alle Daten dutzende Personen.
Vertrauen und Ehrlichkeit
Findet man weit und breit nicht.

Ein großes Bett mit viel Platz.
Sehnsucht hastet.
Herzen schmoren unerkoren
Und verdorren.

Unser Weg

Die Welt
Und mein Sehnen.
Ich als Held
In ihrem Leben.

Ihr Lächeln
Und mein Traum.
Ich will sie betten
Mit Vertrauen.

Ein Kuss
Mit Gefühl.
Voller Genuss
Ist zu spüren.

Eine Nacht
Reiner Ekstase.
Der Liebe Kraft
Brachte uns nahe.

Ein Kind
Wird bezeugen,
Dass wir uns fanden,
Ohne je zu bereuen.
Denn Liebe schmiedet
Unsere unsterbliche Liebe.

Körbe verteilen

Verloren.
Ungeboren.
Verschoben.

Das Gefühl
Nach dem Korb
Fühlt sich an wie sterben.

Ich gab alles,
Sie nahm alles
Und zertrümmerte mein Herz.

Unwert.
Abfall.
Müllabfuhr.

Allein. Aus der Traum.
Nicht gut genug.
Falsch geguckt.

Sie ist ein Traum.
Ich ihr Abstellraum
Mit Korbbehang.

Wir

Tore. Rumore.
Alle sitzen vorm Fernseher
Und gucken Fußball.
Wir sitzen hier draußen
Und leben die Liebesfolklore.

Was die Welt will,
Kümmert uns nicht.
Was alle tun,
Interessiert uns nicht.
Wir haben uns.
Das ist unsere Welt.

Du und ich.
Ich und du.
Wir sind unser
Eigenes Universum.

Wir zusammen.
Zusammen wir.
Wir sind alles,
Was für uns zählt.

Liebe ist größer
Als Fußball und Karriere.
Liebe ist das Beste
Auf der ganzen Welt.

Ausflug

Liebestraum.
Zwei Herzen.
Freiraum.

Verbunden.
Unter den Birken.
Umschlungen.

Ein Kuss.
Die Welt steht still.
Voller Genuss.

Nackte Haut.
Der Mond ist voll.
Vertrauen.

Verschmelzen.
Der Sand des Strandes.
Erdbeben.

Liebesschwur.
Die Sonne geht auf.
Arm in Arm ruhen.

Das Band der Liebe

Ich lebe,
Weil sich Menschen
Liebten.

Ich bin
Ein Kind der Liebe
Meiner Eltern.

Mein Kind
Ist ein Kind der Liebe.
Gezeugt mit Liebe.

Vergiss Krieg,
Geld und Politik.
Sie sind nicht wir.

Wir sind gemacht
Aus Liebe und Liebe
Lässt uns leben.

Ich lebe,
Weil es die Liebe
Wirklich gibt.

Die Kinder
Von Morgen werden
Aus Liebe geboren.

Gemeinsam statt Einsam

Gemeinsam
Alt werden.

Gemeinsam leben
An jedem Tag.

Gemeinsam lachen
Über tausend Sachen.

Gemeinsam Kinder kriegen
Und sie erziehen.

Gemeinsam verreisen
Und die Welt erkunden.

Gemeinsam einschlafen
Und zusammen aufwachen.

Davon träumen Millionen Singles in den großen
Millionenstädten und mit jedem Tag werden sie
verzweifelter und passiv-aggressiver.

Herzen müssen heilen

Reinige dein Herz
Vom Schmerz verflossener Liebschaft,
Denn solange du gebunden
An vergangene Erinnerungen,
Wirst du keine neue Liebe finden.

Ein Herz muss frei sein,
Deshalb muss es erst heilen
Vom Leiden vergangener Verbindung.
Sonst liegt ein Schatten über allem
Und wird das neue Glück
Sehr schwer machen.

Mach dich frei
Vom alten Leid.
Sei bereit für das neue Glück
Und lebe unbeschwert.

Wunden aus alten Runden
Verflossener Beziehungen
Sind ganz normal,
Aber sie werden zur Qual,
Wenn man nicht loslassen lernt.

Superherzen

Ich fliege
Auf Schwingen
Reiner Liebe

Ich tauche
In den Ozean
Des Vertrauens

Ich renne
In mich umarmende
Hände

Ich spiele
Mit den Gefühlen
Treuer Liebe

Ich stehe
Auf die Ewigkeit
Der Ehe

Ich danke
Weil ich die Liebe
Fand

Ich sitze
Und du wirst
Mich küssen

Liebesspiel

Liebe spielt
Mit den Gefühlen
Junger Frauen
Und Jungs wie ich
Werden ihretwegen verrückt.

Einen Ozean hätte ich durchschwommen,
Berge erklommen und
Lieder gesungen und das Herz
Der Auserwählten errungen.

Ich bin kein Sklave der Triebe.
Ich bin ein Fanatiker der Liebe.
Ich folge ihr auf jedem Profil
Und chatte Tag und Nacht mit ihr.
Alles für die Liebe ist mein Motto.

Liebe spielt mit mir
Und sie spielt mit dir.
Unsere Blicke treffen sich
Und schneller als ein Wimpernschlag
Finden sich unsere Lippen.
Wir küssen und kuscheln
Und reißen unsere Klamotten in Stücke.
Eine. Nacht. Ein. Leben. Eine. Liebe.

Zwei Menschen

Der Weg zweier Menschen,
Deren Herzen sich treffen,
Ist wie ein Kreisel.

Sie nähern sich.
Mit jedem Schritt
Beschnuppern sie sich.

Sie erleben,
Was der andere
Hat zu geben.

Sie fühlen
Die tiefen, schönen
Und die verletzlichen Gefühle.

Sie berühren,
Um den anderen
Wirklich zu spüren.

Dann verschmelzen sie
Und sie werden zu einer
Magischen Einheit.

Zwei Menschen
Überwinden die Grenzen
Und werden Eins in Ewigkeit.

Mein Ein und Alles

Meine Liebe
Gehört ihr.

Mein Herz
Kennt ihren Wert.

Meine Lippen wollen
Sie verzückt küssen.

Meine Hand greift
Nach ihrer Hand.

Des Nachts
Haben wir getanzt.

Mein Leben
Soll ihr gehören.

Mein Atem
Kann sie umarmen.

Mein Blick
Ist mit ihr verstrickt.

Sie und ich
Sind das Licht.

Dreifaches Herz

Das Herz existiert dreifach.
Deshalb hat es
So viel Macht.

Da ist das physische Herz.
Es ist wertvoll,
Denn es pumpt unser Blut
Und tut uns gut.

Da ist das emotionale Herz.
In ihm spielt das Gefühlskonzert.
In ihm toben Stürme und
In ihm scheint die Sonne der Liebe.

Da ist das spirituelle Herz
Mit enormem Wert.
Denn es fühlt und führt
In die Tiefen der Mysterien.

Das Zentrum des Menschen
Sind die Herzenswelten.
In ihnen leben und fühlen,
Entscheiden und spüren,
Wählen und ergründen
Wir alles, was existiert.

Wahre Liebe

Wahre Liebe
Betrügt nie und
Geht niemals fremd.

Wahre Liebe
Verletzt nicht,
Was sie wirklich liebt.

Wahre Liebe
Ist unsterblich
Und selten auf Erden.

Wahre Liebe
Überwindet Abgründe
Und baut Brücken.

Wahre Liebe
Vernichtet die Einsamkeit
Dauerhaft und für immer.

Wahre Liebe
Ist der Antrieb
Für das größte Abenteuer des Lebens.

Vom Himmel fallen

Die Liebe fiele vom Himmel,
Glauben viele.
Aber selbst wenn sie fiele
Vom Himmel und man nicht bereit wäre
Zu lieben mit ganzem Herzen,
Würde die Liebe verfallen.

Lieben zu können,
Ist eine Kunst.
Liebe ist Kunst.
Zu lieben ist
Die höchste Kunst.

Wer liebt,
Hat innerlich gesiegt
Über Selbstmitleid und Zweifel
Und das ist in westlichen Städten
Eine seltene Kunst.

Alle sind zerrissen
Von Zweifeln und Gewissensbissen,
Weil sie nicht wissen,
Wie sie auf andere wirken.
Denn die Diktatur der Medien
Befielt, wen es zu lieben gilt.
Die Medien versklaven die armen
Seelen, die unsicher sind.

Frei zu lieben,
Wenn die Liebe
Vom Himmel fiele.

Missverstehen

Ihr Blick geknickt.
Ihr Herz gebrochen.
Sie vermisst mich
Und hofft.

Unser Streit
War schlimm und
Ging zu weit.
Zwei haben geweint.

Tränen flossen,
Während das Herz
Im Schmerz gebrochen.
Tausend Fragen bleiben.

Sind wir getrennt
Oder schaffen wir den Absprung
Über das Flennen hinaus
Zur Versöhnung.

Sie vermisst mich
Und ich bin zu stolz
Und stehe nicht
Zu meinen Gefühlen.

Liebestour

Hand in Hand
Rennen wir.
Wir durchqueren
Jedes Land.

Liebe ist
Unser Antrieb.
Liebe ist
Unser Fahrzeug.

Wir sind
Ein liebendes Paar.
Wir sind
Auf großer Reise.

Ich trage dich
Auf dem Rücken.
Du siehst
Dinge zum Verzücken.

Strände und Berge.
Städte und Attraktionen.
Uns wird auf der Reise
Alles geboten.

Herzinfarkt

Kampfjets im Bauch.
Schmetterlinge am Himmel.
Wintergefühle
Und Frühlingsmomente.

Die Sache ist kompliziert.
Nur im Bett läuft es
Wie geschmiert.

Wir sind wie
Feuer und Eis.
Wir streiten uns
Nur für den Versöhnungssex
Jeden Tag und das geht an die Substanz.

Fernreise. Nähe streichelt.
Tiefe Muschel.
Vertrauen an der Oberfläche.
Die langen Nächte
Zwischen Streit und Liebesspiel.
War es wert, was wertvoll erschien
Oder war der Stress übertrieben?

schlaflose Nächte

Der Stoß.
Der Spross.
Der Samen.

Ein Kuss.
Voller Genuss.
Grenzenlose Lust.

Herz.
Mehrwert.
Sinnlich verehrt.

Ein Tag.
Eine Nacht.
Miteinander schlafen.

Erweichen.
Streicheln.
Nicht von der Seite weichen.

Erotik.
Ein dünner Strick.
Hart gef.…

Unsterbliche Liebe

Unsterbliche Liebe
Mit Gift auf den Lippen
In dem Buch, das uns lieben lehrte.

Ich liebe die schwierigen
Dramen und Geschichten,
Aber die Wahrheit der Liebe
Entsteht aus langsamen und
Sicheren Gefühlen.

Unsterbliche Liebe
Entsteht aus jahrelangen Gefühlen.
Wer es vermag, in der Beziehung
Das Feuer zu bewahren,
Segelt in den Hafen wahrer Liebe.

Eine Liebe, die nach Jahren
Noch feurig und neu.
Zwei Menschen, die sich
Blind vertrauen.
Das gibt's nicht nur im Märchen,
Sondern es gibt Herzen,
Die aus den Stürmen der Zeit
Zu einer unsterblichen Liebe reifen.

Ein halbes Bett

Einsam. Allein. Entfremdet.
Die Statistik sagt, das
Ist die neue Realität.

Zu viele leben
Jahrzehnte ihres Lebens
Allein, aber wollen es nicht sein.

Sie sind unglücklich.
Ein einsames Bett
Ist sehr ungemütlich.

Lange lebte ich auch so,
Lange war ich unfroh
Und mir fehlte der Lebenssinn.

Dass ich das Glück fand,
Fühlt sich an, als hätte eine höhere
Macht ein Wunder vollbracht.

So viele sind heute Nacht
Allein und weinen sich
In den Schlaf.

Wald der Herzen

Altes Lied.
Neue Liebe.
Seit tausend Jahren
Haben Männer geschrieben
Über das, was sie fühlen.
Ich bin nur einer in einer Kette.
Ich bin nur einer
Mit einem brennenden Herzen.

Ein altes Gedicht
Für ein neues Gesicht.
Er ist wild im Herz
Und sie scheint ihm wert,
Alles zu wagen. Denn er könnte
Nie ertragen, es nicht
Versucht zu haben.

Ein alter Baum,
Hinter dem wir uns trauen.
Ein Ring gebogen
Aus einem Ast.
Dein Schleier das Blätterdach.
Mein Anzug der leichte Nebel,
Der über allem liegt und uns schützt
Vor neugierigen Blicken.
Denn nur wir und die Geister der Natur
Sind hier, um für immer zu bleiben.

Eine Erinnerung

Lieben und tanzen.
Tanzen und lieben.
Die ganze Nacht,
Selbst wenn die Stadt
Wieder erwacht.

Hundert Clubs.
Dunkle Tanzschuppen.
Schweiß und Pillen.
Bier und Küsse.

Nackte Füße auf dem Dach.
Wir blickten über die Stadt.
Damals als noch nicht alles
Gentrifiziert war.
Wir waren jung und wild.
Buntes Haar. Piercings. Tattoos.
Nach einer Nacht voller Tanz
Sind wir zu dem alten Haus
Am Ufer der Spree gegangen und
Aufs Dach gestiegen.

Lieben und fliegen
Mit Schmetterlingen.
Lachen und tanzen
Und sich niemals gehen lassen.

Fiele mir die Liebe

Liebe fiele
Mir in den Schoß,
Hoffte ich, wenn ich groß bin.

Es war eine Achterbahnfahrt,
Ehe das Wunder geschah
Und ich neben ihr lag.

Es kam ganz unschuldig
Und ich war auch unschuldig.
Eine höhere Macht hat uns
Zusammengebracht.

Wir sind
Heute mit Kind.
Was unglaublich erschien,
Ist einfach geschehen.

Die Liebe brauchte Zeit.
Es war ein weiter Weg,
Aber als sie da war,
War es ein wahres Wunder.

Scheiden

Angst zu verlieren,
Woran das Herz sich
In diesem Moment bindet,
Ist ein Beweis, dass man liebt.

Wir lieben und
Können unsere Liebe verlieren.
Wir sehnen uns
Nach tausend Stunden zusammen sein.

Angst und Zweifel
Sind Zeichen der Liebe.
Denn was für uns zählt,
Quält uns auch, indem es uns wichtig ist
Und uns Angst macht, wieder zu verlieren.

Ich halte ihre Hand,
Ehe sie mir entgleitet.
Ich küsse ihre Lippen,
Ehe sie von mir weichen.
Ich gieße ihren Rosengarten,
Ehe wir uns scheiden.

Manche gehen ungesehen,
Aber tragen sich im Herzen
Bis ans Ende der Ewigkeit.
Manche verschwinden ungebeten
Und reißen ein Loch in Dasein und Zeit
Und hinterlassen Schwärze im Herzen,
Weil wir sie vermissen.

Liebeskonsumenten

Treue
Ohne Reue
Ein Leben
Gemeinsam leben

Jeder Mensch träumt
Von einem Partner,
Der den Lebensraum
Liebevoll ausfüllt.
Wir alle wünschen uns
In geheimen Stunden
Eine Person fürs Leben zu finden.
Aber in dieser Zeit bleibt dieser Traum
Oft ein Wunschtraum.

Oberflächlichkeit
Und Konsum.
Schnelllebigkeit
Und Massenproduktion.
Liebe und Beziehung
Werden von den Medien zu Produkten
Abgewertet und entwertet.
In diesem Sog wird jede Emotion
Zum giftigen Smog des Mainstreams.
Wahrheit und Authentizität
Sind gefährlich fern von der Realität.

Harmonische Liebe

Ich habe Eltern und wurde
Zu einem Elternteil.
Ich bin das Glied
Einer langen Kette.

Ich kenne nur Liebe
In meiner Familie.
Ich war ein Wunschkind.
Mein Kind ist ein Wunschkind.
Ich saugte die Liebe
Mit der Muttermilch auf.

Manche müssen erst
Den Schmerz ihrer Biographie
Heilen, ehe sie verweilen
Können in dem Gefühl der Liebe.
Manche müssen erst
Vergeben lernen. Denn das ist
Immer schwer, aber der einzige Weg.

Ich bin dankbar
Für Eltern und Kind.
Ich bin dankbar
Für die Liebe meines Lebens.
Ich bin dankbar
Für das familiäre Glück.

Elterliche Liebe

Eine Mutter
Mit Tumor.
Kinder groß oder klein
Weinen.

Sie werden
Von uns gehen.
Wir werden
Innerlich zerbrechen.

Die Liebe
Zu den Eltern.
Die Liebe,
Die uns erzog.

Wir trennen
Uns irgendwann
Und dann werden
Wir ewig weinen.

Jeder Moment
Ist kostbar.
Jeder Augenblick
Ist ein Geschenk.

Verzückt

Ihr Blick glitt
Zu mir zurück.

Ihr Haar flog im Wind,
Der sich mit mir verbindet.

Sanft ist ihre Haut
Und schenkt Vertrauen.

Zwei zarte Füße
Fließen zu meinen Gefühlen.

Der geschenkte Ring
Ist unser ewiger Beginn.

Weil ihre Augen strahlen,
Kann ich lachen.

Ihr Lächeln rettet.
Ich will sie betten.

Ihr Leib ist rein
Wie ein Heiligenschein.

Wahrheiten

Wahre Liebe.
Ist das Getriebe
Der Welt.

Echte Gefühle
Sind die Mühle
Des Planeten.

Das reine Herz
Ist der Herd
Der Menschheit.

Ein langer Kuss
Ist wie der Fluss
Des Lebens.

Warme Umarmungen
Wirken wie meditative
Sammlungen.

Zärtliche Sinnlichkeit
Ist der hippokratische Eid
Einer harmonischen Ehe.

Wirkliche Treue
Ist wie das Gemäuer
Eines schönen Schlosses.

Wilde Gedanken

Wilde Gedanken.
Das Licht des Tages
Ist die letzte Schranke.
Aber mit Einbruch der Nacht
Fällt die letzte Hemmung.

Wir haben gewartet
Auf diesen Moment.
Ungeduldiges Schmachten,
Den anderen zu erleben.

Endlich kommt der Moment.
Endlich können wir spüren,
Wovon wir so lange geträumt.
Endlich werden unsere Gefühle
Zu lebendiger Wirklichkeit.

Wilde Gedanken
Werden zu einem Spiel.
Sie zerbrechen die Schranken.
Und zeugen Intimität.

Wilde Gedanken
Sind auch zart und sensibel.
Nur eins wird hart und atmet
Wildes Stöhnen.

Kanzu und Gomez

Fremdes Land.
Fremde Kultur.
Neues Gewand.
Ich versuche mich
Anzupassen.

Das Treffen bei ihrer Mutter
Folgt einem strengen Protokoll.
Es gibt keine Lücke,
Die nicht der Tradition folgt.

Alles ist neu.
Ich lass mich fallen,
Um nicht zu bereuen.
Denn diese Erfahrung ist einzigartig.

Die Trachten. Die sandigen Pfade.
Die vorgeschriebenen Wege.
Ich staune und traue
Meinen Augen kaum.

Alles für die Liebe
Zwischen Kulturen,
Zwischen Kontinenten
Und zwischen Familien,
Nur damit sich zwei
Offiziell lieben dürfen.

Eine Nacht ohne Schlaf

Küsse.
Kissen.
Genüsse.

Eine Nacht
Ohne Schlaf.
Nackte Leiber
Im Liebesfieber.

Phallus und Vulva.
Magisches Pulver.
Magische Energie.
Orgiastische Harmonie.

Berührung.
Emotionale Führung.
Wilder Stoß.
Hemmungsloser Genuss.

Wie ein Hund.
Ein Missionar.
Sechs und neun.
Löffeln in tiefer Harmonie.
Eine Nacht. Kein Schlaf.
Wilde Energie. Sinnliche Empathie.

Ein heißes Eis

In der Eisdiele.
Verstohlene Blicke.
Im schwarzen Rocke.
Sie serviert Eis,
Aber ihre Blicke sind heiß.

Ihr Rock ist kurz.
Macht mich das froh?
Wohin dieses Spiel treibt;
Wer weiß?

Ihr Lächeln wird intensiv.
Ich kann ihre Wollust spüren.
Ihr Rock ist kurz und
Sie schiebt ihn
Ein kleines Stück hoch.

Ich genieße mein Eis,
Denn die Sonne brennt.
Ihr dünner Leib
Lässt meine Libido brennen.
Es ist zwar ein Eis,
Aber es macht eher heiß als kalt.

Große und kleine Familien vereinen

Ihre Familie
Besteht aus vielen.
Meine Familie
Ist klein.

Sie zählen
Drei Dutzend.
Wir gerade
Einmal sechs.

Aber die Liebe
In der Familie
Ist in beiden Fällen
Echte Liebe.

Denn Liebe kennt
Weder Zahl noch Gehalt.
Wahre Liebe kennt
Weder Status noch Hierarchie.

Wahre Liebe
Unterscheidet nicht.
Wahre Liebe
Ist das schönste Licht.

Ob in der Familie
Oder der Partnerschaft.
Wahre Liebe sät Harmonie
Und sie verbindet ohne Unterschiede.

Rote Erde

Der Wind in ihrem Haar,
Während die afrikanische Sonne brennt.
Ihre braunen Lippen flüstern
Und küssen meinen Nacken.

Versteckte Zeichen der Verbundenheit.
Verstohlene Blicke in der Öffentlichkeit.
Goldene Ringe, die verbinden.
Traditionelle Riten, um sich zu binden.

Rote Erde zwischen den Hütten.
Kurze Küsse, die niemand sieht.
Ziegen sind angebunden und
Die Hühner laufen frei umher.

Wenn der Regen kommt, kommt er doll.
Der Boden verwandelt sich in Matsch
Und die rote Erde klebt am Schuh so,
Wie wir aneinander kleben.

Hektisches Treiben auf den Straßen.
Wild kurven die Motorräder
Und tragen uns davon.
Jeder Tag ist ein Abenteuer.
Ein Schritt für mich in eine unbekannte Welt.

Das schöne Geschlecht

Hoffen
Auf ein Treffen
Mit der netten Frau.

Beten
Um ein Gespräch
Mit der Angebeteten.

Bauen
Auf mehr Vertrauen
Bei schönen Frauen.

Kümmern,
Damit die Vögel zwitschern
In den Kissen.

Leben
Und alles geben
Für das weibliche Wesen.

Lieben
Statt den Vielen
Nur die Auserwählte.

Das Feuer entfachen

Die Glut.
Ein bisschen Mut
Und Wollust.

Schmetterlinge.
Frühlingsgefühle.
Verführen.

Ein Meer.
Der Ozean der Liebe.
Die Tiefe eines Bergsees.

Früh.
Durchgemacht.
Nächtliche Gefühle.

Lippen
Und wilde Ritte
Im Liebesglück.

Becken,
Die sich retten
Vor der Tristesse der Welt.

Himmlisches Spiel

Liebe spielt
Ihr Spiel auf irdischem Weg,
Aber irgendwie ist sie das,
Was himmlisch ist.

Liebe ist
Der finale Beweis,
Denn es weist
Ins Himmelreich.

Religion und Spiritualität
Können nie beweisen,
Was uns die wahre Liebe
Kann zeigen.

Es gibt eine Welt,
Die höher ist und aus ihr
Muss die Liebe zu uns Menschen
Hinabgestiegen sein.

Liebe spielt
Ein himmlisches Spiel,
Indem sie Herzen
Zusammenführt.

Vergangene Liebe

Früher gab es
Stände und Rassen.
Nur wer gleich war,
Durfte sich paaren.
Gab es in dieser Zeit wahre Liebe?
Vielleicht, aber sie war selten.

Eine Welt ohne Liebe
Ist kalt und frei von Harmonie.
Eine Welt ohne Liebe
Tendiert immer zum Kriege.
Liebe kann die Welt retten
Und die Liebe muss
Schranken einreißen.

Früher gab es Hass,
Der ist immer noch da,
Aber wir versuchen, ihn abzuschaffen.
Früher gab es die Ideen
Von Ständen, Rassen und Klassen.
Kein wahrer Wert steckt
In einem dieser Wörter.

Frei muss die Liebe sein,
Dann wird sie die ganze Erde heilen!

Freie Herzen

Immer nur frei sein.
Denn ein freies Herz
Findet den Weg.

Gefühle wollen fliegen
Und mit den Wolken
Am Himmel ziehen.

Freie Herzen verschmelzen
Und binden sich mit dem Gefühl
Der Zusammengehörigkeit.

Frei ist der Geist,
Wenn die Liebe
Ihn heilt.

Frei ist der Mensch,
Wenn er liebt, ohne fürchten
Zu müssen, verletzt zu werden.

Liebe ist frei;
Frei wie der Geist,
Frei wie das Herz.

Geheimnisse teilen

Gespräche.
Endlose Nächte.
Vereinte Gedanken.
Liebesranken.

Die Bettdecke
Zum darunter verstecken.
Spielen mit
Den Kissenbezügen.

Küssen dürfen
Und schmusen.
Verführen und
Sich füttern.

Traumschlösser bauen
Und sich trauen,
Offen zu sein.
Liebe heilt frei.

Wenn sich zwei lieben,
Verschieben sich Welten.
Liebesschmaus.
Hochzeitsstrauß.

Die Kraft der Liebe

Liebe fliege
Ans Ende der Welt.
Liebe fiele
Vom Himmelszelt.

Liebe traut
Dem Gefühl im Bauch.
Liebe braut
Den Liebesschmaus.

Liebe schafft
Gute Partnerschaft.
Liebe erwacht
In zweisamer Nacht.

Liebe bringt
Den größten Gewinn.
Liebe findet
Des Glückes Licht.

Liebe weist
Ins Himmelreich.
Liebe erfüllt
Alle Sehnsucht.

Kleiner Liebeszauber

Liebeszauber
Wirken nicht.
Denn, wenn die Liebe spricht,
Kann kein fremdes Licht
Sich einmischen.

Die Liebe ist frei.
Sie ist ein Geschenk.
Sie ist ein Wunder.
Sie ist unerklärlich
Und doch versteht sie jede:r,
Der oder die sie spürt.

Frei lieben
Heißt frei fliegen.
Selbst, wenn Liebende gehen,
Sie fliegen.

Freiheit verbindet.
Nur in Freiheit findet sich,
Was wirklich zusammengehört.

Liebeszauber

Haben und Sein,
Sind ein Schein.
Die wahre Welt
Ist spirituell.

Die spirituelle Welt
Ist nichts als Liebe.
Du kannst sein und
Du kannst haben,
Aber nur die Liebe
Gibt die Gaben der
Niederen und höheren Welten.

Liebe dich und du wirst finden.
Liebe nur Geld und Existenz
Und du wirst alles verlieren.
Liebe dich ohne Gier
Und du findest Harmonie.
Aber sei da nur ein Staubkorn Gier,
Wirst du dich in der Welt verlieren.

Lebe die Liebe
Und alles wird sich finden.
Lebe für Besitz und Existenz
Und deine Welt wird zerbrechen.
Spiritualität ist im Endeffekt
Nur der gelebte Liebesmoment.

Die Reise des Herzens

Uganda.
Die Perle Afrikas.
Ich bin hier wegen der Liebe.

Oft reiste ich,
Weil ich dem Herzen
Folgte.

Die Liebe
Treibt mich in ein
Unbekanntes Reich.

Augen,
Die mich anschauen
Als Fremde.

Aber mein Herz
Ist schon hier, denn ich
Bin hier wegen der Liebe.

Liebestriebe
Unter Bananenstauden
Im roten Staub.

Weltbewegende Gefühle

Meine Liebe zu dir
Ist das ganze Universum.

Unser Kuss ist wie
Das Verschmelzen zweier Sterne.

Deine Hand zu halten,
Lässt die Erde beben.

Die Welt lege ich dir
Zu Füßen und sie wird schöner
Sein als je zuvor.

Der Sog unserer Liebe ist
Ein gigantisches, schwarzes Loch.

Unsere Kinder werden
Die Götter der neuen Menschheit.

Jeder Schritt mit dir
Ist das legendärste Epos.

Unkalkulierbar

Frieren
Ohne Gefühle.

Verschwinden
In Einsamkeit.

Implodieren,
Nach dem Verlassen werden.

Neuer Sonnenschein.
Frühlingserwachen.

Wilde Rose.
Zarte Stacheln.

Kochen.
Das Feuer der Liebe.

Finden.
Ein Traum wird wahr.

Hektische Straßen

Regen.
Mitten in Afrika.
Matsch.

Mein Herz.
Zeigt mir ihre Welt.
Anders.

Die Blicke.
Neugieriges Schauen.
Weißer.

Unser Kind.
Steht in der Mitte.
Liebessymbiose.

Dunkel.
Der Strom fällt aus.
Mein Blick geht
Zum Fenster raus.

Fern ist ihre.
Bekannt die meine.
Verweilen werden wir
In beiden.

Liebe braucht Zeit

Ein Leben lang
Warten.

Wer will warten
Auf die große Liebe?

Ich fand sie,
Aber ich wartete nie.
Heute bereue ich
Jeden einzelnen Stich.
Hätte ich gewartet
Auf den Herzgarten,
Wäre alles schöner.

Wer wartet, ist geduldig
Oder er ist kundig und weiß,
Liebe braucht Zeit.

Zwei müssen reifen,
Die Umstände sich einschleifen
Und ein Fünkchen himmlisches Glück
Hilft zum finalen Schritt.

frei fühlen

Frei
Wie der Wind
Ist das Kind der Liebe

Gefühle
Sprengen Ketten
Und sie retten
Aus dem Käfig

Die Gesellschaft
Hat nicht genug Kraft
Um die Liebe im Zaum zu halten

Frei
Wie das Herz
Kann nichts anderes sein

Freie Herzen
Bewerten alles neu
Und bringen jene Freude
Um die Welt zu befreien

Abenteuer der Liebe

Gelandet.
Gestrandet.
Mein Herz führt mich
Ans Ende der Welt.

Ich liebte sie bei mir,
Aber sie war nicht
Von hier. Sie kam von fern.
Sehr fern sogar.

Wir reisten in
Die unbekannten Weiten.
Strandeten in einem fremden Land,
Ehe wir unser Ziel erreichten.

Früh ist der Morgen.
Frisch die Luft.
Das Land meiner Liebsten,
Ihr Heimatboden.

Spannung liegt
In der Luft.
Vorfreude auf unbekannte Leute
Und ein Abenteuer der Liebe.

Der Topf der kochenden Eifersucht

Meine Eifersucht kocht.
Denn sie hofft,
Alles zu sein.

Vielleicht bin ich das,
Aber das ist meiner Eifersucht egal.
Sie kocht und stochert
In jedem Glück, weil sie
Eine Verschwörung wittert.

Tausend Gewitter
Und Blitz und Donner.
Wilde Flüche und
Langes Geheule.

Eifersucht zwischen
Wut und Flucht.
Erst fluchen über sie
Und dann die Flucht suchen.

Frei ist das Herz
Und kennt seinen Wert.
Eifersucht fesselt
Und vermasselt jede Liebe.
Nur das freie Herz
Zerstört den Schmerz
Dessen, was könnte sein.

Klingeln

Es klingelt
Und auf dem Display
Erscheint dein Bild.

Geh ich ran
Oder halt ich das Klingeln an,
Indem ich die Lautstärke drossel?

Ich will dich und
Du willst mich.
Dennoch ist es kompliziert.

Meine Weitsicht
Trifft auf deine Kritik
Und das verkrafte ich nicht.

Doch ich liebe dich
Und greife nach dem Handy.
Ich höre dich
Schon in meiner Fantasie.

Es endet abrupt,
Noch ehe ich versucht
Habe, den Anruf anzunehmen.
Die Chance ist vergeben,
Uns auszusöhnen.

Magnete

Oben. Unten.
Links. Rechts.
Spring im Kreis,
Nur dreh dich nicht weg.

Ich will dich sehen,
Will dich spüren
Und erleben, wie wir
Uns verführen.

Du tanzt wild
Mit dem nackten Mann.
Das holländische Bild
Wirkt vergangen.

Eisenschienen führen
Zu fernen Zielen.
Aber nichts darf dich
Von mir wegführen.

Die dunkle schwarze Wolke
Kommt langsam runter.
Aber noch sind wir
Froh und munter
Und fliegen auf unseren Gefühlen.

Waldspaziergänge

Kleiner Schmetterling fliege.
Trage meine Liebe
Zum Himmelszelt.

Ein Eichhörnchen huscht
Über den Baum und ich trau
Mich, die Rinde zu berühren.

Es prickelt in meinen Fingern,
Aber das Gefühl ihrer Haut
Prickelt mehr.

Dieser Wald trägt
Meine Sehnsucht,
Die mich doch auch quält.

Eine Taube flattert
Und ich träume wieder,
Ihr Herz zu ergattern.

Endlose Dinge existieren,
Aber ich kann mich nur
Auf ihren Namen konzentrieren.

Wir liebten uns
Und der Fluss der Gefühle
Wird uns führen.

Liebestöter Algorithmus

Gut gebildet.
Sportlich. Attraktiv.
Profil. Geleckte Bilder.
Wer so schön ist,
Wie kann der noch Single sein?

Macken und Sexsucht.
Apathie. Zerrissene Harmonie.
Beziehungsunfähig.

Aus der Single-Hauptstadt
Wird das Single-Land.
Das Land wird
Beziehungsunfähig.

Schöne Bilder.
Allmächtige Filter.
Kranke Algorithmen.

Wer wischt, der findet,
Aber nur, wenn der Algorithmus
Mitspielt.

Neues Dating mit Apps,
Die davon leben,
Dass viele Single bleiben.

Harte Fakten

Der Schmerz des Herzens
Ist es wert.
Es gibt keine Liebe
Ohne Schmerzen.
In diesen Apfel müssen
Wir alle beißen.

Selbst, wenn alles läuft,
Das Leben läuft nie so,
Wie man es sich erträumt.

Das Leben ist kompliziert
Und er verkompliziert
Auch Herzen, die sich sicher sind.

Wer liebt, wird straucheln.
Wer nicht liebt,
Wird innerlich sterben.

Der Schmerz bleibt unausweichlich
Für jeden, der sein Herz verschenkt.
Der Schmerz bleibt eine schmerzliche
Wahrheit, die zusammen mit der Liebe
In dein Leben tritt.

Getrennt

Verloren
Ohne Ohren,
Die deine Stimme hören.

Einstauben,
Weil meine Augen
Dich nicht mehr schauen.

Sie ist weg.
Zwar nur im Urlaub,
Aber schon das raubt
Mir den Schlaf.

Was tut sie?
Was macht sie?
Wann kommt sie wieder?

Allein daheim.
Freunde sind da,
Aber ich fühle mich
Nur bei ihr wahr.

Keine freie Sekunde,
Die ich nicht an sie denke.
Keine freie Minute,
Die ich nicht zähle,
Ehe sie zurück ist.

Liebestraum

Jeder Traum von Liebe
Kann wahr werden,
Aber manchmal ist es besser,
Wenn er nicht wahr wird.
Denn eine andere Liebe wartet,
Die viel größer und schöner ist.

Der Traum der Liebe.
Der schönste Liebestraum.
Traumhafte Liebe
In einem liebevollen Traum.

Erwachen und lachen,
Denn es ist wahr und nah:
Arm in Arm ruht die Liebe.

Ein schöner Strand.
Himmelblauer Sonnenaufgang.
Palmen im Sand
Und Hand in Hand den Strand
Entlang spazieren.

Fern allen Stresses.
In einem kleinen Paradies
Einer entlegenen Insel,
Die nur wenige kennen,
Wo die Liebe gedeiht
In traumhafter Kulisse
Unterm blauen Himmelszelt.

Unverzeihliche Fehler

Verlorene Treue.
Traurige Reue.
Herzen brechen.
Getrennte Betten.

Einfach schön.
Herzensverwöhnt.
Simpler Betrug.
Ewiger Verlust.

Der Treueschwur
Ist kaputt.
Vertrauen zerstört.
Schmerz verstört.

Eine echte Ehe
Mit wahrer Nähe.
Eine wahre Liebe
In ewigen Gefilden.

Es bleibt ein Bild.
Mehr bleibt nicht.
Erinnerungen schmerzen.
Gefühlsentwertung.

Die Eine aus einer Million

Tausend Frauen,
Die wunderschön sind.
Aber wie viele Frauen braucht
Ein Herz wirklich?

Zwei Herzen sind alles.
Sie sind allgewaltig
Und vielgestaltig genug
Für das volle Liebesreich.

Tausend Frauen
Regen meine Libido an.
Aber wie viele Frauen braucht
Mein Schwanz wirklich?

Am Ende reicht ein Leib
Eines liebenswerten Weibes,
Um Glück und Wonne zu finden
Und nicht tausend Gespielinnen.

Viele hüpfen durch die Betten,
Ohne sich niederzulassen.
Sie werden stumpf und rau
Und ihr Herz verdorrt.
Wahre Liebe reicht sich aus.

Am Äquator

In der Mitte der Welt
Wegen der Liebe.
Im Uhrzeigersinn
Fließt das Wasser.
Gegen den Uhrzeigersinn
Fließt das Wasser.
In der Mitte steht es still.

Mein Herz steht niemals still.
Mein Herz brennt lichterloh.
Mein Herz steht im Mittelpunkt,
Denn Liebe ist der Mittelpunkt
Meines Lebens.

Auf dem Äquator
Mit ihr im Arm.
Sie hat mich auserkoren,
Sie hierher zu führen.

Auf der Mittellinie
Des Planeten kommen
Wir uns näher.
Auf der Linie kreuzen
Sich unsere Herzenslinien.
In der Mitte unserer Herzen
Auf der Mitte der Erde.

Herzschmerz

Graues Wetter.
Kalte Hände.
Leicht erkältet.
Nasse Wände.

Trennung brennt.
Schlaflose Nacht.
Ewig geflennt.
Allein gelassen.

Die Liebe schien
Unzerstörbar zu sein.
Sie wirkte schön
Im hellen Schein.

Es zerbrach
Aus unbekanntem Grund
Und ließ die Schmach
Im Herz zurück.

Trüber sind die Tage
Als jemals zuvor.
Im Herz erscheint die Frage,
Wie zerbrechen konnte,
Was ewig wirkte?

Verstohlene Blicke

Den Augen trauen,
Wenn sie in ein
Lächelndes Gesicht schauen.

Kleine Gesten
Vom unbekannten Nächsten
Sind ein Zeichen der Sympathie.

So manche fiel
In den Zustand ewiger Liebe,
Weil sie offen war.

Vielleicht wartet
Deine große Beziehung
Hinter den fremden Augen.

Offen sein für die Zeichen,
Die beschreiben, was in
Den Herzen geschieht.

Mutig sein und
Freundlichkeit erwidern.
Wer weiß schon, was passiert!?!

Treueherzen

Treue Herzen
Werden nie bereuen,
Den Wert der Liebe
Zu ergründen.

Denn ehrliche Liebe schmiedet
Die unsterbliche Liebe,
Wie sie oft in Bücher
Und Liebesfilmen beschrieben.

Liebe ist der Kleber,
Der die nährende Nähe
Zwischen zwei Herzen
Untrennbar verhärtet.

Was treue Liebe kann,
Kann keine Macht sonst
Auf Erden oder auf dem Mars
Oder sonst wo in der Galaxie.

Die treue Liebe lebt
Und gibt ohne Reue.
Die treue Liebe zaubert
Das unzerstörbare Vertrauen.

Vier Lenzen

Das Wesen des Liebens
Besteht aus Gefühlen.

Wenn der Frühling kommt
Und du die Liebe spürst,
Wie sie in deinem Bauch
Einen Tanz aufführt.

Wenn die Sommersonne
Mit kleinen Sommersprossen
Einfach in dein Herz
Geschossen kommt.

Wenn zur Winterzeit
Im nackten Menschenkleid
Unter der Decke geküsst
Und gekuschelt wird.

Wenn der Herbst
Die Tiefe erklärt,
Die in der Liebe steckt,
Die uns morgens aufweckt.

Black-out

Kein Strom.
Kein Wasser.
Im Urlaub
Am andern Ende der Welt.

Wer braucht
Strom und Licht,
Wenn die Liebe
Mit ihm ist?

Sie liegt hier
Mit mir Arm in Arm.
Eng umschlungen
Im Dunkeln.

Draußen dröhnt
Der Lärm so fern.
Was draußen ist,
Kümmert uns nicht.

Nur Luft und Liebe.
Nur wahre Gefühle.
Sie und ich sind alles,
Was noch zählt.

Langsame Liebe

Sich verführen
Mit wahren Gefühlen.

Statt schnell ficken,
Lieber lange genießen.

Gebt der Liebe Zeit,
Um zu reifen.

Langsame Liebe
Sät heilsame Triebe.

Sich spüren
Mit sanften Küssen.

Einfach streicheln
Und sich schmeicheln.

Zeit und Raum geben
Und die Liebe erleben.

Liebesgarten

Der Liebe
Lange Atem
Kann warten.

Im Herzensgarten
Wächst das Sehnen
Nach dem Berühren.

Manches Verführen
Muss reifen und
Sich langsam entfalten.

Der Liebe Gewalten
Gestalten das Leben
Mit all seinen Blüten.

Sommerliches Küssen
Gehört dazu wie
Winterliches Schwitzen.

Das Wissen
Der Herzen will
Lange währen und erleben.

In Liebe

In Liebe leben
Und in Liebe
Von uns gehen.

In Liebe
Vereinen und
In Liebe
Bleiben.

Mit Liebe
Leben und
Dem Leben
Mit Liebe dienen.

Der Liebe
Flügel verleihen
Und mit Liebe
Um die Welt ziehen.

Liebe schenken
Allen Menschen
Und Liebe denken
Mit allen Kräften.

Denn Liebe ist
Das größte Glück.
Wer die Liebe findet,
Findet sich.

Spiele mit dem Feuer

Träume.
Wilde Gedanken.
Schmutzige Fantasien.

Sommer.
Lange Nächte an Stränden.
Unbekannte Fremde.

Hitze lässt
Den Alkohol fließen.
Fremde lernen, sich zu genießen.

Ohne Namen.
Keine biographische Geschichte.
Sich einfach nur beglücken.

Sommernächte.
Zeit der wilden Abenteuer.
Das Spiel mit dem Feuer.

Es brennt enthemmt.
Grenzenlose Potenz.
Im Herbst ist alles wieder normal.

Liebe und Welt

Herzen öffnen sich
Trotz der Schmerzen
Einer kalten Welt.

Die Welt hat sich verkauft
Für Besitz und Geld
Und vereinsamt täglich mehr.

Aber Herzen sind stärker.
Sie erkennen die Werte
Echter Verbundenheit.

Was Geld nicht vermag,
Liebe vermag zu schaffen,
Denn sie besitzt mehr Macht.

Liebe kann die Welt retten,
Aber die Narren setzen
Immer noch auf Geld als Rettung.

Vergessen wir die Welt
Für einen kleinen Moment
Und fühlen wir nur wie schön
Die Liebe wirklich ist und
Wie wunderbar sie unser Leben macht.
Liebt ohne Grenzen.
Liebt mit vollem Herzen.
Vergesst gesellschaftliche Schranken.
Liebt! Liebt! Liebt und heilt die Welt.

Unendliche Macht

Die Macht der Liebe
Kann tief in die Herzen führen
Und Dinge erwecken,
Die sich sonst nie erwecken ließen.

Die Liebe besitzt eine Kraft,
Die Unmögliches möglich macht.
Sie zaubert Harmonie, wo sie
Unmöglich erschien.

Die Liebe der Erde und
Die Herzen der Menschenherde
Bergen die goldene Zukunft
Einer besseren Zukunft.

Sieh ins Licht der Liebe
Und finde die reinsten Gefühle,
Die dich heilen und mit etwas
Edlem vereinen.

Die Liebe sei alles, was zähle
Und schon werde die Welt schöner.
Vergiss Gier, Trieb und Hierarchie.
Sie erreichen nie so viel wie die Liebe.

Heilige Liebe

Die Liebe
Ist heilig.
Heilig ist
Die Liebe.

Von ihrer Heiligkeit zu sprechen, ist wahrlich kein
Pathos, sondern das Einzige, was zählt. Seht
euch die Welt an. Kaltherzigkeit. Dünkel.
Klassengrenzen. Oberschichten. Das Patriarchat der
Kopftücher. Ausbeutung ohne Grenzen. Was anderes
wäre heilig genug, die Welt zu retten?

Die heilige Liebe
Heilt heilig.
Heilsam heilt
Die heilige Liebe
Dein Herz und die ganze Welt.

Das Mysterium der Liebe

Die Liebe
Ist ein mysteriöses Ding.
Niemand versteht sie;
Doch sie lebt überall.

Die Liebe
Hat mysteriöse Züge.
Sie verbindet Menschen
Aus unvereinbaren Schichten.

Die Liebe
Ist ein mystisches Wunder.
Sie erweicht selbst
Das härteste Herz.

Die Liebe
Ist ein unerklärliches Mysterium.
Sie kommt, wenn wir sie
Am wenigsten erwarten.

Die Liebe
Ist einfach mythisch.
Sie macht das Leben
Erst lebenswert.

Liebesnektar

Wir sind
Der Liebe Kind.
Alles, was wird,
Wird die Liebe bringen.

Die Welt entsteht
Aus dem Liebesleben.
Die Welt zerfällt,
Wenn die Liebe endet.

Die Tränen trocknen
Mit genügend Liebe.
Die Herzen rocken
Mit Liebesliedern.

Was kommt,
Kommt von Liebe.
Was schön ist,
Ist mit Liebe geschmiedet.

Wer tanzt,
Tanzt mit Liebe.
Denn nur die Liebe
Wird uns in die Zukunft führen.

Tränen

Schmachtende Herzen.
Quälende Sehnsucht.
Einsamkeitsschmerzen und
Das Gefühl des Verlusts.

Wir alle haben geliebt
Und alles wieder verloren.
Wir alle haben gefühlt,
Wie unmöglich manche Wünsche sind.

Bilder alter Erinnerungen,
An denen Gefühle kleben.
Aufgelöste Verbindungen,
Die noch immer nachwirken.

Gefühle leben fort,
Selbst, wenn es zerbrochen ist.
Sie lebt an einem fernen Ort,
Doch ich spüre sie hier.

Die Liebe geht komische Wege.
Manchmal macht sie alles wahr
Und andermal entleert
Sie das Herz unbarmherzig.

Zwei Nachtschwärmer

Die Lage ist schön.
Das Leben ist schön.
Meine Freundin ist schön
Und wir sind schön anzusehen,
Wenn wir die Straße Hand
In Hand runtergehen.

Diese Tage sind einfach
Und fließen dahin.
Die Abende sind lau
Und wir treiben dahin.
Kleine Bars. Leere Strände bei Nacht.
Eine Düne bietet uns ihr Heim.

Küssen schmelzen.
Die Haut prickelt.
Versteckt in der Düne
Fallen alle Hemmungen.

Die Nacht hüllt uns ein,
Während wir am Strand schwadronieren.
Der Mond leuchtet uns
Den Weg heim.

Endlos

Tausend Küsse.
Tausend Liebkosungen.
Tausend Samenergüsse.
Aber nie wird es zu viel,
Denn ich liebe dich.

Endlos sind meine Gefühle.
Endlos will ich dich fühlen.
Bis ans Ende der Zeit
Wird unsere Liebe reichen.

Millionen Milliarden mal
Schlägt mein Herz für dich.
Trillionen Zillionen mal
Liebe ich dich.

Wir waren Sternenstaub,
Ehe wir geboren,
Und wir werden Sterne sein,
Zur Liebe geboren.

Grenzenlos ist meine Liebe.
Grenzenlos fließen unsere Gefühle.
Grenzen kennen nur die Lieblosen,
Aber wir lieben uns im Grenzenlosen.

Im heißen Rausch der Gefühle

Lieben, ohne sich zu zügeln.
Hemmungslos sein und
Sich emotional verspeisen.

Die nackte Haut entdecken,
Unter der kuscheligen Bettdecke
Sich lüstern necken.

Sich lieben, ohne zu überlegen.
Sich einfach hingeben und sich
Gegenseitig verführen.

Liebe brennt wie Feuer
Und spuckt Lava wie ein Vulkan.
Die heiße Lust ergießt sich.

Liebe tanzt mit freien Schritten
Und kann niemals stoppen,
Denn sie muss sich bewegen.

Wer im Liebesrausch gefangen,
Hat die Welt vergessen und
Sich selbst gerettet.

Lieben wir uns!

Liebe mich
In vollen Zügen.
Atme dieselbe Luft
Wie meine Lungen.

Spüre mein Herz
An deiner Brust schlagen.
Lass mich niemals los
Und lerne, mich zu tragen.

Wir sind zwei kleine Seelen
In einer großen Welt.
Wir haben nur uns,
Um aufeinander zu zählen.

Liebe ist unsere Burg,
Sie hält uns warm.
Liebe ist unser Schutz
Vor der Kaltherzigkeit.

Liebe mich
Bis ans Ende der Zeit.
Liebe mich,
Als wären wir eins.

Babylein

Ein Kind ganz klein,
Ohne Schutz oder Nutzen.
Geliebt wird es rein
Von allen Großen.

Ein kleines Babylein
Mit neugierigen Augen,
Die fragend schauen.

Zart und sanft
Sind ihre Finger und Füße.
Nackt und wahr
Die Liebe ihrer Eltern.

Geboren aus Liebe,
Um die Welt zum Lächeln
Zu bringen.

Träume weben in den Gehirnen
Der Eltern und Großeltern,
Aber eigentlich wollen sie nur,
Dass das Kleine glücklich wird.

Ein Kind ganz klein,
Noch ein echtes Babylein,
Sieht die Welt mit unschuldigen Augen,
Die liebevoll vertrauen.

Weißes Fleisch und schwarze Spitze

Liebe in Trieben.
Wilde Stöße.
Erste Durchbrüche.

Pubertäre Träume
Und erste Schäume
In der Nacht.

Periodische Erosion.
Melodische Exkursion.
Monatliche Geduld.

Klassenzimmer
Voller Hormone.
Geile Ikonen.

Jugendliche Triebe.
Erste Liebe.
Verwirrte Rituale.

Unbekanntes Gebiet.
Erkundete Unsicherheit.
Bisse in Granit.

Das erste Mal.
Völlig unerfahren.
Unvergessen.

Nähe leben

Nähe strebe
Zu echter Liebe.
Wo Gefühle wühlen,
Lebt Verführung.

Zärtliche Herzen
Schätzen sich wert.
Wo Träume schäumen,
Erfreuliches bläut.

Treue Schläue
Bindet ohne Reue
Und verbindet sich
In Ewigkeit.

Heile Zeilen
Schreiben Liebende
Voll Zärtlichkeit
Und Schwärmerei.

Ganz nah und
Sehr zart.
Die Libido verführt
Im Hochgefühl.

Zwei Herzen. Ein Glück

Im Herz.
Mit Wert.
Ewigkeit.
Zärtlichkeit.

Küsse.
Genüsse im Kissen.
Kuscheln
Und sich betten.

Zwei Lippen.
Vier Augen.
Zwei Herzen
Und ein Glück.

Träume.
Märchenschlösser.
Ein Fluss
Wahrer Gefühle.

Benetzen und
Verschmelzen.
Alles andere einfach
Vergessen.

Die Welt der Liebe

Was wäre die Welt,
Wenn wir uns alle liebten?
Um wie viel besser wäre es,
Wenn wir uns alle respektierten?
Wir würden uns die Hände reichen
Und unsere Herzen niemals weichen.
Wir würden uns zuhören
Und uns gegenseitig erhöhen.

Eine Welt der Liebe
Würde Harmonie in allem säen.
Sie würde die Menschen verbinden
Zu einer großen Menschenfamilie.
Eine Welt voller Liebe
Säe die Triebe echter Verbundenheit
Und sie beendet jeden Streit
Mit versöhnlicher Einsichtigkeit.

Erschaffen wir eine Welt,
Die getränkt ist in Liebe.
Bauen wir eine Welt
Mit Ziegeln und Steinen aus Liebe.
Backen wir eine Welt
Mit dem Mehl der Liebe.
Konstruieren wir eine Welt
Mit dem Reißbrett eines liebenden Herzens.
Eine Welt der Liebe
Würde uns allen guttun.

Liebe atmen

Ich lebe, um zu lieben!
Was sonst sollte der Grund
Meines Lebens sein?

Ich atme, um zu lieben.
Warum sonst sollte ich
Nur einen einzigen Atemzug nehmen,
Wenn nicht der Liebe wegen?

Was ist der Sinn des Lebens,
Wenn es nicht Liebe ist?
Irrsinn, wer glaubt, mehr Sinn
Hätte irgendetwas in der Welt.

Ich gehe hin zur Liebe.
Ich fliege mit den Flügeln der Liebe.
Ich greife nach den Sternen,
Wenn sie mir Liebe schwören.

Was Liebe ist, frage nicht.
Geh raus und finde sie!
Die Welt hat Liebe zu bieten,
Wenn du bereit bist, dich zu bücken,
Um sie voll zu erleben.

Der reitende Prinz

Die Träume eines Mädchens
Vom weißen Pferd mit Prinzen
Sind ein Symbol für ein Leben
Voller Harmonie und Empathie.

Keine Frau will einen Prinzen,
Der kein Herz zum Fühlen hat.
Sie wollen einen Mann, der versteht
Und spürt, was sie fühlt.

Es kommt geritten der Prinz
Auf einem prächtigen, weißen Schimmel
Und trägt davon die holde Maid,
Immer der Sonne entgegen.

Sie leben glücklich und zufrieden
Auf ihrem Schloss und selbst
Die Diener leben ein Leben
Mit Glück und Fairness.

Wäre das Leben so einfach,
Wäre die Liebe allgegenwärtig.
Aber lasst sie träumen von dem Prinzen
Mit dem prächtig weißen Schimmel.

Liebesfrieden

Frieden und Liebe
Können siegen
Und die Welt befrieden
Mit glücksbringender Liebe.

Liebe und Frieden
Sind nicht totzukriegen.
Egal, wie sehr die Hunde des Krieges
Hetzen, um sie mundtot zu kriegen.

Liebe heilt die Welt und
Macht reicher als Geld.
Wem die Welt nicht gefällt,
Sollte mehr auf Liebe setzen.

Eine Welt des Friedens
Wird Liebe gebären,
Wie eine glückliche Mutter
Ein glückliches Kind.

Eine Welt voller Liebe
Wird Frieden bringen.
Denn warum sollten sich wahrhaft
Liebende gegenseitig umbringen?

Der Sonne entgegen

Der Fahrtwind im Nacken.
Das Moped unterm Po
Und mein Herz im Rücken,
Die mich fest umklammert.

Wir fahren der Sonne entgegen.
Verwegen fliehen wir vor
Der grauen Realität, die unserer Liebe
Die Luft abschnürt.

Der Motor knattert
Und schüttelt uns durch.
Die Sonne brennt noch,
Obwohl sie schon untergeht.

Wohin wir fahren, wissen wir nicht.
Wie wir dort überleben,
Ist völlig ungewiss, aber wir fahren
Für immer der Sonne entgegen.

Sie summt ein Lied,
Während ich den Lenker umklammere.
Sie küsst meinen Nacken
Und ich lache der Sonne entgegen.

Liebesabenteuer

Lange Tage im fernen Land.
Jeder Tag ein neues Abenteuer.
Zu zweit erscheint die Fremde
Wie ein romantisches Paradies.

Im Truck auf Safari.
Der Sonnenuntergang bringt Harmonie.
Spiele im Swimmingpool,
Vor der Ruhe auf der Liege.

Nächster Tag, nächstes Abenteuer.
Im Jeep holpernd am Steuer,
Die Straßen sind dafür da,
Um eine Popo-Massage zu schenken.

Die Zeit im Hotel
Vergeht schnell, obwohl wir nie
Schlafen oder rasten.
Spiele in den Betten.

Der letzte Tag vorm Abflug.
Wir genießen sinnliche Ruhe
Auf der Plantage neben dem Pool
Und träumen davon, nie heim zu müssen.

Das Herz als Vorschlaghammer

Das Herz
Ist es wert.
Die Liebe geht tiefer
Als erotische Triebe.

Die Welt
Hat kaltes Geld,
Aber es fehlt ihr
An Harmonie.

Dein Schicksal
Ist eine Qual,
Solange kein Partner
Bei dir ist.

Das Leben
Will alles geben,
Aber wir verfehlen es
Manchmal mit Idiotie.

Das Glück
Kommt als ein Stück
Amourösen Hochgefühls
Einem Vorschlaghammer gleich
Voller Zärtlichkeit.

Du und ich, ich und du

Ich liebe sie
Und sie liebt mich.
Das ist das Ende vom Lied.

Dennoch schreibe ich dir,
Weil ich weiß,
Wie verzweifelt du bist.

Einst war ich wie du.
Für Jahre fand mein Herz
Keinerlei Ruh.

Ich suchte die Liebe
Und fand Triebe
Ohne echte Gefühle.

Ich suchte oben, unten,
Links, rechts, in jedem Club der Stadt,
Überall in der Nachbarschaft.

Ich gab auf und glaubte
Nicht mehr, denn ich war innerlich leer.
Wieder verging lange Zeit allein.

Doch plötzlich wie ein Licht
War es da und es war wahr
Und es ging tief und blieb
Zärtliche, echte Liebe.

Gefrorene Gefühle

Tränen im Eis.
Gefroren und kalt.
Das ist mein Herz,
Seit sie mich gekorbt hat.

Einfach so.
Ganz ohne Grund.
Nicht einmal eine Vorwarnung
Oder ein Streit.
Einfach geblockt
Und mein Herz gepflockt.

Es ist nicht das erste Mal.
Wir spielen dieses Spiel
Seit langer Zeit.
Warum weiß ich nicht
Oder fragst du, warum ich so dumm
Bin und mitspiele?
Diese Frage ist mein Leben.
Ich sollte drüber stehen
Und jemanden finden,
Der mich wirklich verdient hat.

Gefroren im Eis.
Mein Herz ist eiskalt.
Einem Schneesturm gleich
Ist mein Gefühlsleben bleich.

Freunde aus vergangener Zeit

Alte Freunde.
Erinnerungen quälen.
Leere Räume.
Unausgesprochene Dinge.
Zerrissen. Gräuel.
Vergessene Seelen.

Liebe ist mehr
Als Sinnlichkeit und Erotik.
Vergiss die Freunde nie.
Sonne dich in ihrer Harmonie.
Und erinnere dich
An die, die gingen.

Ich tanz´. Ich lach´. Ich feier´.
Im Kreis meiner Freunde
Bin ich daheim.

Alte Freunde. Erinnerungen
Kehren zurück. Altes Glück.
Einstige Verwirrungen
Wirken heute kindisch.
Ohne Zeitmaschine.
Der Funken des Bedauerns.
Das Lächeln über die gemeinsame Zeit.

Schmachten

Ich träumte
Tag und Nacht.
Sinnliches Schmachten
Als ich ein Schuljunge war.

Ich träumte von einer,
Die meine wird
Und mit der ich selig werd
Wie im Märchenland.
Ich der Prinz auf dem Pferd
Und sie meine Prinzessin im Schloss,
Die ich retten muss
Vor bösen Rittern und Drachen.

Alt wurde ich.
Nichts geschah,
Bis der Blitz mich traf.
Ich schmachtete sie an,
Aber versteckte es gut.
Die Jahre schulten mich gut.
Ich verstecke meine Gefühle.
Ob sie es spürt? Wer weiß?
Alles, was zählt: Es funktioniert!
Jetzt schmachte ich
Wie ein Mann statt wie ein Schuljunge.

am Strand

Viele
Neue Liebe
Gefühle

Räume
Erlebnisse
Schäume

Träume
Märchenschlösser
Genuss pur

Berühren
Laue Sommernächte
Dünen

Viele
Wilde Spiele
Schwimmen

Eine Nacht
Der Ewigkeit
Heimflug

Der Wert der Liebe

Wenig Geld, aber
Viel Liebe,
Oder viel Geld
Und wenig Liebe.

Was ist das Leben wert,
Wenn die Liebe fehlt?

Die Liebe ist kostbarer
Als Diamanten und Edelsteine.
Die Liebe ist wertvoller
Als Silber und Gold.
Die Liebe ist unbezahlbar.

Der Wert der Liebe
Lässt sich nicht aufwiegen
Mit Besitz und Reichtum.
Wer Liebe an Geld knüpft,
Hat sich nur prostituiert.
Wer sein Herz verkauft,
Erzeugt in ihm ein schwarzes Loch.

Viel Liebe heißt
Viel Glück.
Viel Liebe heißt:
Das Leben ist schön.

__Liebe das Leben__

Wir leben,
Um zu lieben.
Lass dir von niemandem
Etwas anderes erzählen.

Liebe ist der Sinn
Und des Glückskindes
Eltern sind Liebende
Der tiefsten Verbundenheit.

Liebe ist das Leben,
Denn ohne die Liebe würde es
Niemanden von uns geben.
Also lernt lieben.

Liebe gebiert Liebe
Und verdrängt den Hass
Mit reinigender Macht,
Die nur die Liebe hat.

Liebe ist das Leben.
Das Leben will leben.
Liebe ist die Gabe
Aller glücklichen Tage.

Zweisam Altwerden

Ich liebe sie.
Sie liebt mich.
Wir haben ein Kind,
Das ein Kind der Liebe ist.

Lange Jahre
Wandelte ich den traurigen Pfad
Der Einsamkeit und
Gebrochener Herzen.

Als ich sie fand,
War ich längst gewahr,
Einsam alt zu werden
Und verlassen zu sterben.

Das Wunder geschah
Und unsere Liebe wurde wahr.
Wir sind füreinander da,
Denn unsere Liebe ist wahr.

Wir halten uns fest,
Denn die Liebe rettete
Unser beiden Leben
Vor dem einsamen Altwerden.

Zufällige Begegnungen

Ihr grüner Rock.
Ihr blonder Schopf.
Ihr nackter Po.
Meine Wange wird rot.

Ihr schüchterner Blick.
Ein Augenblick.
Unsere Augen treffen,
Als würden sie sich betten.

Zufälliger Moment
In Ekstase erlebt.
Gebannter Atem.
Nervöses Warten.

Im Dunkeln
Sich erkunden.
Neugierig fühlen.
Den anderen spüren.

Eine Begegnung.
Sinnliche Erfahrung.
Momente der Lippen,
Die sich zärtlich küssen.

Geister der Vergangenheit

Wenige Herzen,
Die noch nicht die Schmerzen
Des Verlassenwerdens
Erfahren haben.

Zu viele Seelen quälen
Sich jeden Tag
Mit alten Erinnerungen.

Die Geißel
Der Vergangenheit
Erzeugt Leid in uns.
Erinnerungen geißeln uns.

Wir sind die Opfer
Alter Geister und verzweifelt
Zahlen wir den Preis.

Ein Herz, das schmerzt,
Vergisst seinen Wert
Und fühlt sich unwert und
Lebensmüde. Trübe Gedanken
Sprühen schwarze Farbe an die Wand.

Ein Wasserbett

Perfektion
In ihrem Schoß.
Muße
Beim Kusse.

Finger
Schlingern wild.
Nacktheit
Im Kuschelbett.

Streicheln,
Emotional befreien.
Kitzeln
Und lächeln.

Berühren
Ist verführen.
Arm in Arm
Die ganze Nacht.

Necken
Und sich lecken.
Kommen
Beim Herumtollen.

Wolke sieben

Wir schreiben ein Buch.
Jede:r von uns:
Wie viel Liebe finde ich
In deinem Buch?

Hast du begriffen,
Dass Liebe zählt
Oder hast du etwas
Oberflächliches gewählt?

Liebe ist der Weg,
Der wirklich zählt,
Denn Liebe macht alles schön
Und wird dich verwöhnen.

Liebe ist die Macht,
Die alles schön macht.
Liebe ist das Licht,
Das durchs Dunkle sticht.

Du musst lieben,
Um glücklich zu werden.
Wenn du wirklich liebst,
Wirst du auf Wolke sieben fliegen.

Sinnliche Blicke

Ihr Blick
Verführt mich.
Ihr Duft
Entfesselt die Lust.

Ihr Haar
Kommt mir nah,
Während sie mir
Tief in die Augen blickt.

Der Schweiß
Beim heißen Sex.
Das Stöhnen
Unter der Bettdecke.

Das Kuscheln
Auf dem Balkon
In der Sommersaison,
Während die Sonne untergeht.

Bloße Verführung
Mit einer Berührung.
Ich bin ihr verfallen
Und in der Falle der Liebe
Wie ein Fisch im Netz gefangen.

Nach der dunklen Nacht

Ich liebte
Und verlor, denn sie
Wollte mich nicht mehr.

Viele Monde zogen
Übers Land und mein Herz
Hielt mich gebannt.

Dunkle Tage erwarteten
Mich und ich sah
Kein Licht.

Dann am helllichten Tag
Hat mich jemand
Aus Versehen angerempelt.

Ihr Strahlen
War erschlagend und
Voller Herzlichkeit.

Ich fragte sie
Nach ihrem Namen
Und ob wir ausgehen.

Sie hat mich gerettet
Und unsere Herzen haben sich
Zusammengekettet.

Chips und Coke

Lange Abende.
Arm in Arm.
Kuscheln und Netflixen.

Ausschlafen
Und dabei löffeln
Unter der Bettdecke.

Cappuccino
Mit Schaum
In der Badewanne.

Morgens. Mittags.
Abends. Aber am Ende
Zählen die Nächte.

Liebe auf
Der Couch vor
Dem Flatscreen-TV.

Ein Leben
Im relaxten Chillmodus
Zu zweit.

Die Eine

Eine wie keine.
Einfach nur die Eine
Und sonst keine Zweite.

Ich fand die Eine
Und war nie mehr alleine.
Ich fand die Besondere
Und sie kümmerte sich um mich.

Ich fand den Traum
In ihrem Weltinnenraum.
Denn auf sie zu bauen,
Lehrte mich vertrauen.

Einfach diese Eine,
Mit der ich alles teile.
Es gibt keine Zweite
Wie meine Eine.

Eine wahre Liebe
Ist alles, was ich will.
Eine wie meine ist
Mein ganzes Lebensglück.

Eine wie keine Zweite,
Mit der mein Herz vereint.
Nur die Eine bis ans Ende der Zeit.

Digitale Liebe

Die Liebe generieren
Mit einer Art Computerspiel,
Das ist der Weg, den heute
Die Mehrheit wählt.

Ich sage nicht,
Dass es nicht geht.
Aber am Ende gehört Liebe
In die analoge Realität.

Hier in der Harmonie
Echter Gefühle lieben wir.
Hier in der realen Welt
Zählt unsere Liebe.

Dating-Apps sind nicht schlecht,
Zugleich sind sie nicht echt.
Sie erzeugen ein Bild,
Das einfach zu künstlich ist.

Deshalb scheitern die meisten
Auf diesen Dating-Seiten.
Sie verlieren den Kontakt zur Realität
Und scheitern elendig auf diesem Weg.
Denn Liebe muss sich riechen
Und sie muss sich berühren,
Um wirklich ans Ziel zu führen.

Weiter heiter

Die Träume der Herzen
In unendlichen Weiten.
Die Stürme der Liebe
Auf den sieben Weltmeeren.

Die Hoffnung der Augen
Die große Liebe zu finden.
Die Tränen der Nacht
Gehüllt in Einsamkeit.

Die kleinen Gesten
In geheimen Momenten.
Ein unsichtbares Gefühl
Im alten Türrahmen.

Das Leben im Sehnen
Nach dem fremden Leib.
Die Schmerzen des Wartens
In der Ewigkeit.

Ein kleines Date
Verändert vielleicht alles
Oder es ist nur eine weitere Kerbe
Im Bettrahmen.

klein

Wir leben und wir lieben.
Es gibt kein Leben ohne Liebe.

Diese kleine Welt.
Dieser kleine blaue Planet
In einem gigantischen Universum.

Dein kleines Leben
In den Städten oder
Endlosen Weiten des ländlichen Raums.

In allem grünt ein Gefühl.
Wer es spürt, wird verführt.

Dein kleines Herz
Erfuhr viel Schmerz, falsche Menschen
Haben es seines Wertes beraubt.

Dein leises Sehnen
Wird zu lautem Flehen,
Um die Liebe in deinem Leben zu finden.

In dir findet sich das Licht,
Das Liebe in dein Leben bringt.

Die Welt der Liebe

Die Welt wäre schöner,
Wäre sie voller Liebe.
Die Welt wäre glücklicher,
Würden sich alle lieben.

Wir könnten so glücklich sein,
Aber wir tun uns schwer.
Wir könnten uns einig sein,
Aber wir zanken uns zu sehr.

Eine Welt der Liebe
Wäre eine schöne Welt.
Denn Liebe heilt die Welt
Mit ihren sanften Reben.

Wäre nur Liebe
Das Gesetz auf Erden,
Würden sehr viele
Absolut glücklich werden.

Machen wir Liebe zum Gesetz
Einer besseren Welt.
Die Zeit dafür ist jetzt,
Weil wir nur so siegen.

Hirngespinster

In blühender Fantasie
Schlafe ich mit ihr.
Denn sie ist wunderschön
Und ich zu schüchtern.

Ich träume von ihr
Auf meinem Zeichenpapier
Und male ihre Kurven
Mit vollen Rundungen.

Ich liebe sie,
Falls es das gibt mit jemandem,
Den man nie
Zuvor gesprochen hat.

Ich will sie
Und mit ihr glücklich werden.
Ich will nichts wissen
Von Hindernissen.

Aber noch kennt
Sie mich nicht.
Alles ist nur ein Hirngespinst
Eines verliebten Narren.

Auswegloses Ende?

Die Gefahr ist real,
Aber welches Herz will wahrhaben,
Dass es enden kann.

Wir alle wollen
Der ewigen Liebe
Tribut zollen.

Wir alle wollen
An die ewige Liebe
Glauben.

Wir alle träumen
Vom Vertrauen und
Der Wärme wahrer Liebe.

Aber die Gefahr ist real,
Weil zu viele Ehen
Geschieden werden.

Wir wissen nicht,
Was morgen ist
Und ob die Liebe erlischt.

Aber hier und heute
Werden wir uns freuen
Und glücklich sein.

Vollkommene Liebe

Ich liebe sie,
Wie ich keine zuvor
Geliebt.

Ich begehre ihren Leib
Mit heißer Wollust
Und Zärtlichkeit.

Ich sehne mich
Nach ihren zarten Lippen,
Die mich küssen.

Ich will ihre
Sanften Finger, die mich
Neckisch kitzeln.

Ich träume
Von unserem Traumschloss
In einer schlaflosen Nacht.

Und ich hoffe auf die Gunst,
Mit ihr die Kunst der Liebe zu
Vervollkommnen.

Wir

Einfach lieben
Und Zeit verbringen.
Sich verführen
Und erkunden wie Schulkinder.

Die Welt entsteht neu
Mit großer Freude.
Die Zärtlichkeit
Alle Trübsal befreit.

Halt mich fest
Gegen allen Rest.
Lass mich niemals los,
Als ob ich über die Welt flog.

Flieg mit mir
Ins endlose Glück.
Treibe im Strom der Zeit
Voller Zärtlichkeit.

Wir sind gegen alle Normen.
Wir werden unsere Realität formen.
Wir leben, um zu lieben:
Das ist die Art, mit der wir siegen.

Vertrauen

Kleinen Augen,
Zu lang allein,
Fällt es schwer zu vertrauen.

Viele emotionale Narben
Und dunkle Farben
Prägen den Alltag.

Dann kommt ein neuer Tag
Und für einen Moment lacht
Das verletzte Herz.

Es bleibt nicht
Bei einem Lachflash.
Es wird regelmäßig.

Anfangs rütteln die Panzer
Und es fühlt sich angespannt
An, das Glück zu fühlen.

Nach und nach baut
Sich Vertrauen auf
Und wird zu einem lebendigen Traum.

Liebestoken

Liebe dringt tief
Und sie siegt.

Liebe reift
Mit zärtlicher Zeit.

Liebe gewinnt
Mit sinnlichem Wind.

Liebe baut
Auf echtes Vertrauen.

Liebe erzählt,
Was wirklich zählt.

Liebe schweißt
Zur Einigkeit.

Liebe findet,
Was sich ewig bindet.

Lebenslanger Traum

Träume im Herzen.
Welt ohne Schmerzen.
Augen, die schauen und
Einander vertrauen.

Eine vertraute Seele
Auf gemeinsamem Wege.
Ein alter Pfad
Der liebevollen Wahrheit.

Zwei Hände halten
Zusammen in schweren Zeiten.
Die Prüfungen des Lebens
Gemeinsam durchstehen.

Ein gemeinsames Leben
Für die althergebrachte Ehe.
Geteiltes Leid
Ist doppeltes Glück.

Wer zusammen alt wird,
Wird zusammen glücklich.
Wer sich wirklich traut,
Wird leben wie im schönsten Traum.

Begegnung

In dem Moment
Als ich sie sah,
Fühlte ich mein Herz.

Ihr blondes Haar,
Ihr schlanker Leib
Und ihr sinnlicher Blick.

Es war um mich geschehen,
Obwohl ich sie nur
Einmal gesehen.

Alles an ihr ist perfekt,
Selbst der Blick ist nett
Und nicht zu arrogant.

In einem einzigen Moment
Habe ich mein Herz verloren
An eine unbekannte Blonde.

In nur einem Moment
Bin ich neu geboren
Als ihr zukünftiger Ehemann
Und Vater ihrer Kinder.

Altes Glück. Neue Liebe.

Das Ende des Glücks
Ist das Ende der Liebe,
Aber verzweifle nicht,
Die Liebe lässt keinen zurück.

Wenn du die Liebe verlierst,
Aber die Suche nicht aufgibst,
Wird sie dich finden
In den sieben Weltwinden.

Wer an die Liebe glaubt
Mit vollem Vertrauen,
Wird die Liebe finden
Mit Trommeln und Fanfaren.

Die Liebe ist da
Für jedes Herz.
Die Liebe lässt nicht allein
Ein gutes, mitfühlendes Herz.

Die Liebe verloren,
Heißt nur weiter zu träumen
Von heißen Liebesräumen,
Die sich auftun werden.

Einfach ewig lieben

Lange Fahrt.
Wenig atmen.
Viel sehen
Und sich lieben.

Immer nur lieben.
Es gibt endlos viele
Gelegenheiten, sich zu lieben.
Immer nur lieben.

Einfach lieben.
Nicht nach dem
Warum fragen.
Einfach nur lieben.

Die ewige Liebe
Kennt kein Ende
Des endlosen Glücks.
Die ewige Liebe liebt.

Treue Liebe träumen.
Wer will sich
Schon verbrennen?
Treue Liebe geben
Und romantisch lieben.

Schöne Formen und Gerüche

Gerüche
Lösen Genüsse aus.
Ihr sanfter Duft,
Als sie mich streifte,
Ließ in mir Gedanken
Der Wollust reifen.

Rundungen
Drängen nach Erkundungen.
Ihr sanfter Po macht mich froh.
Ich sonne mich an ihrer Wölbung
In blumiger Fantasie.

Das Auge isst mit.
So ist es auch in der Liebe.
Selbst der Duft ist nichts anderes
Als ein mächtiges Aphrodisiakum.

Sie fährt mit ihrer Hand
Über meinen Rücken und Po.
Sie kreist gekonnt
Und macht die Schlange froh.
Ich revanchiere mich mit zarten Küssen,
Ehe wir uns entblößen und
Der Nacktheit der Natur frönen.

Liebe macht blind

Mitten in Istanbul verloren.
Schöne Frauen, soweit das Auge reicht,
Aber mein Herz ist verloren.

Türkische Frauen sind ein Traum,
Aber ich musste mein Vertrauen
Auf eine kleine Libanesin bauen.

Sie ist schön, zwar voller Stroh,
Aber sie machte mich froh,
Dachte ich zumindest.

Dann war es futsch,
Einfach die Liebe ausgelutscht
Und sie offline für mich.

Ich verarbeitete es.
Es fühlte sich wie die Pest an,
Aber ich stand drüber.

Dann kam sie zurück
Und ich war verliebt wie verrückt
Uns dumm zugleich.

Es endete, wie es endete.
Es zerbrach ein zweites Mal.
Ich glaube nicht, ich bin geheilt.
Liebe macht blind und dumm dazu.

Draußen sein

Die Welt steht kopf,
Wenn die Schmetterlinge
Im Bauch fliegen.

Alles wirkt rosa
Im Frühling mit
Frühlingsgefühlen.

Probleme verlieren
Ihren Sinn und werden
Klitzeklein.

Nur ein Gefühl
Und doch ist es größer
Als die ganze Welt.

Sommersprossen
Und Wassereis.
Eins und zwei.

Der Kuss unterm
Sommerlichen Vollmond
Ist kugelrund.

Schulschwärmen

Ich träume
Von ihr.
Im Schlaf rufe ich
Ihren Namen.

Der erste Gedanke
Am Morgen gilt ihr.
Das letzte Bild vorm Einschlafen
Ist ihres.

Obwohl sie alles ist,
Was ich will,
Trau ich mich nicht,
Sie anzusprechen.

Manche Kurse haben
Wir zusammen und ich weiß,
Sie spürt mein Schmachten
Und das Feuer meiner Sehnsucht.

Doch ich bin gefangen
In meiner Scham.
Obwohl ich reden kann,
Verliere ich diese Gabe,
Sobald ich ihr ganz nahe bin.

Das Reich der Liebe

Eine bessere Welt
Durch Liebe.
Ein besseres Leben
Durch Liebe.

Einfach mehr Frieden,
Wenn wir uns lieben.
Einfach glücklich sein
Mit tiefer Liebe.

Vollständig heilen
Durch die Kraft der Liebe.
Sich verzeihen
Mit heilender Liebe.

Mehr als Triebe
Ist die Liebe.
Mehr als Gold und Geld
Bietet die Liebe.

Eine glückliche Zeit
In Liebe vereint.
Harmonie und Zweisamkeit
Im Liebesreich.

Der Fluss der Liebe

Das Herz ist frei
Und die Liebe fließt rein.
Keine Betrübnis im Paradies,
Wo wir uns mit Küssen necken.

Der Himmel ist blau
Und die Sonne scheint.
Blindes Vertrauen
Hat uns vereint.

Die Tiefe unserer Gefühle
Ist die unsterbliche Liebe.
Die Nähe unserer Finger
Ist ein erotisches Dinner.

Ein Ozean der Zärtlichkeit
Hat unsere Wunden geheilt.
Die Welt da draußen
Kann uns nicht mehr berauben.

Ein freies Herz
Lebt den Wert echter Liebe.
Unser Fluss des Spürens
Ist der Genuss des Verführens
In der Nacht beim Sonnenuntergang.

Ich wurde verlassen

Ich liebte sie
Und sie verließ mich.
Mein Herz zerbrach
Im kranken Wahn.

Damals weinte ich,
Heute lache ich.
Damals trauerte ich,
Heute freue ich mich.

Hätte sie mich nicht verlassen,
Dann hätte ich nie gefunden,
Was ich heute habe:
Nämlich glückliche Tage
In einer glücklichen Beziehung
Mit einem glücklichen Kind.

Manchmal ist der Schmerz
Es wert und wir sollten dankbar sein,
Ihn zu erfahren. Manchmal ist
Verlassen zu werden das größte Glück,
Das den Weg bereitet für das
Größte Glück im Leben.

Das Geheimnis der Liebe

Das Geheimnis der Liebe
Suchen viele.
Aber sie suchen
Am falschen Ort
Und finden es nie.

Eigentlich kennt es jeder.
Es ist ganz simpel
Und für jeden erreichbar.
Eigentlich ist es ganz nah
Und unheimlich zart.

Das Geheimnis der Liebe
Ist der Weg des Herzens.
Wer zuhört, was das Herz sagt,
Bei dem wird die Liebe wahr.

Aber die meisten hören
Nur die Dinge im Außen.
Sie lassen sich von Dingen betören
Und überhören, was das Herz
Ihnen rät und so begehen sie Fehler
Auf dem Pfad der Liebe und
Verlieren ihr Lebensglück.

Das Herz spricht immerzu.
Höre zu und du findest
Die Harmonie in wahrer Liebe.

Falsche Quellen

Ich liebe mich wieder,
Seitdem sie mich liebt.
Ich hatte vergessen,
Wie das geht.

Diese Gesellschaft

Lehrt uns Selbsthass.
Wer nicht aussieht wie die Models
Auf den Platten und Collagen
Oder die in den Werbespots,
Der ist minder wert als der Rest,
Denn er ist unterdurchschnittlich.

Ich glaubte den Werbeslogans
Und habe mich selbst betrogen.
Ich predigte ihr Weltbild,
Aber betrog mich nur selbst.

Die Welt irrt mit ihrem Bild
Von äußerlicher Perfektion.
Denn Liebe ist das,
Was tiefer geht. Darum überlebt
Die wahre Liebe alle Stürme des Lebens.

Vergiss die Ideale der Medien
Und tanze notfalls im Regen
Deines eigenen Lebens.

Der Ozean der Emotionen

Gefühle rühren
Und verändern die Welt.
Die Macht der Liebe
Kann Gierige mehr befriedigen
Als alles Geld.

Glaube ruhig
Und warte geduldig,
Früher oder später
Wird dich die Liebe nähren
Mit goldenen Ähren.

Alle spüren
Die Wildheit der Gefühle
In ihren jungen Jahren
Und werden davongetragen
Zu wilden Taten und
Amourösen Abenteuern.

Folge dem emotionalen Golde,
Dann hast du nichts zu bereuen.
Denn das Glück des Herzens
Überwindet alle Schmerzen.
Ob Held oder Holde,
Wir bleiben vereint
Bis ans Ende der Zeit.

Sommernachtstraum

Liebe fliegt.
Händchen halten.
Im Sommer im Park
Oder am Strand.

Wenn die Liebe jung
Und das Herz gesund,
Alles einfach ist
Und rosa wirkt.

Schmetterlinge flattern
Im Bauch und Ringelnattern
Schlängeln sich um den Baum
Des Lebens.

Zwei in der Sommernacht
Haben Zeit verbracht.
Wildes Schmachten.
Ewiges umarmen.

Wer wagt zu träumen,
Kann zusammen fliegen.
Der Wein schäumt
Mit frischer Liebe.

Zwei

Zwei Wesen.
Verwandte Seelen,
Die sich begegnen.

Zwei Herzen
Mit gleichen Werten,
Die sich verehren.

Zwei Paar Augen,
Die neugierig schauen
Und vertrauen.

Zwei Träume
In freien Räumen,
Um zu schäumen.

Im Einklang
Des Zweiklangs.
Liebe hält gefangen.

Zwei Liebende
Beginnen im Triebe
Und werden zu wahrer,
Tiefer und unsterblicher Liebe.

Alte Gefühle

Wenn ihr Bild in meinem Kopf
Mich bis heute quält,
Ist es dann Liebe
Oder bin ich nur dumm?

Manche sagen,
Alten Gefühl nachzujagen,
Ist verschwendete Lebenszeit.

Wie Recht sie haben,
Wer alten Gefühle nachjagt,
Kann es nicht lange ertragen.

Alte Gefühle quälen
Die eigene Seele oft
Auf vielen Wegen.

Aber loslassen ist schwer,
Wenn das Herz
Noch schmerzt.

Und doch ist loslassen,
Die einzige Maßnahme,
Um endlich zu heilen.

Unser Beweis

Ich liebe mein Kind,
Weil es ein Beweis
Meiner Liebe ist.

Ich sehe sie
In ihr und das fühlt sich
Richtig an.

Ich spiele mit ihr
Und weiß, wir sind
Zu zweit zu dritt.

Ich liebe ihr Lächeln,
Denn darin kann ich
Sie erkennen.

Ich liebe ihren Blick,
Denn er erinnert mich
An meine Geliebte.

Ich liebe ihre Beine.
Sie sind nicht wie meine,
Aber die ihrer Mutter.

Sie ist der Beweis,
Dass uns die Liebe
Für immer vereint.

kleine Liebestropfen

Liebe
Triebe
Mitgefühle

Tasten
Orgasmen
Schmachten

Nächte
Bettdecke
Genüsse

Küsse
Gelüste
Ergüsse

Erheitern
Streicheln
Zuneigen

Warm
Umarmen
Mit Charme

Naturliebe

Die Welt dreht sich
Und dein Duft weht
Im Wind.

Die Wolken ziehen
Und wir beginnen,
Uns zu fühlen.

Der Mond scheint
Und dein Kleid
Fällt in den Sand.

Die Welle am Strand
Und dein nacktes Gewand
Im Sonnenlicht.

Ein kleiner Schmetterling
Bringt uns geschwind
Das Gefühl eines Lächelns.

Das grüne Gras
Ist uns so nah
Wie unsere Becken.

Die Vögel zwitschern
Und wir kitzeln uns
Nach dem Akt.

Vererbte Eigenschaften

Ein Baby
Meines Babys.
Mein Weib
Und unsere Kindlichkeit.

Welch Glück ist mein
Mit Schönheit!
Welch Leben kürt
Die Schwüre.

Meine Liebe strahlt
Im Kindergewand.
Mein Glück bestückt.
Nimmermehr zurück.

Das Baby
Meiner Lady.
Liebesbeweis.
Erheitern.

Zu dritt
Das ganze Stück.
Familienglück
Erfüllt.

Polyamouröser Selbstbetrug

Angstfrei lieben.
Sich öffnen,
Ohne befürchten zu müssen,
Herzlos verletzt zu werden.
In der Welt der Dating-Apps
Ist das fast kaum möglich.
Sie ist voll von Betrügern
Und polyamourösen Verrückten.

Liebt euch ehrlich
Und das Licht findet euch
In einer Welt, die vergessen hat,
Dass wahre Liebe Liebe ist
Und nicht Sex.

Fickt und verbrennt innerlich.
Blast und gangbanged,
Aber seid euch sicher:
Am Ende seid ihr stumpf und hohl;
Äußerlich wahrscheinlich heiß,
Aber innerlich eine Leiche.
Trainiert eure Muskeln.
Schminkt euer Gesicht.
Nehmt jedes Gramm Fett ab,
Aber das ist nicht der Weg zur Liebe
Und wenn du ihn gehst, wirst du einsam
Und bereuend sterben!

Dunkle Einsamkeit

Frei sein
Ist einfach.
Aber wenn das Herz
Schmerzt und er weg ist,
Ist man ein Sklave der Gefühle.

Ihn nie wieder zu spüren,
Obwohl das Fühlen
Weiterlebt.

Ohne ihn zu leben
Und nie wieder
Liebe zu geben.

Ohne ihn zu sein,
Fühlt sich mehr allein
An, als ertragbar ist.

Einsam und allein
Und niemand kommt
Und nimmt in den Arm.

Verloren in der weiten Welt
Ohne den Held, der
In der Dunkelheit festhält.

Frei sein
Bedeutet nichts
Ohne geliebte Zweisamkeit.

Ein Date im Fantasialand

Liebe
Und Gefühle
Eine Welt
Aus Luftballons

Im Schlaraffenland
Hand in Hand
Zuckerstangen lecken
Und sich necken

In der Hüpfburg
Liebe machen
Oder einfach im
Jacuzzi lachen

Das volle Menü
Mit Nachtisch
Wild auf dem Tisch
Tanzen

Spielsachen
Für Erwachsenensachen
In den See springen
Splitterfasernackt

Rache

Trauer und Wut.
Tut der Hass gut?!
Zerreiß sein Foto.
Verbrenn seine Klamotten!
Er schwor dir Liebe,
Während er viele
Andere Weiber fickte.

Du träumtest von ihm,
Wie ihr vorm Traualtar steht.
Er hat es dir geschworen
Und dich doch betrogen.

Jetzt willst du dich rächen
Und alle Herzen brechen.
Du fickst tausend Jungs
Und wartest, bis sie dir verfallen,
Ehe du sie fallen lässt,
Um zu sehen, wie sie zerbrechen,
Wie du einst zerbrachest unerwartet,
Weil er dich betrogen
Und belogen hat. Er,
An den du noch immer denkst
Bei jedem Mann, mit dem du pennst.

Liebesboot

Ein Boot
Voller Liebe.
Ein Boot
Der Liebe.
Unser Liebesboot.

Luv und Lee.
Unsere Liebe
Ist vierblättriger Klee
Und wir schippern über die Spree.

Kein Witz, wir
Sind mittendrin
In Berlin.

Mitten auf der Spree
Nur ich und du.
Ein romantischer See
Für unsere Gefühle.

Unser Boot
Schippert mit uns
Über sieben Weltmeere
Und bringt die Liebe
An jeden Strand und in jedes Land.

Herzenslicht

Du bist ein Licht
Und strahlst.
Du bist ein Gedicht
Der Liebe.

Dein Lächeln
Kann die Welt retten.
Dein Kuss
Ist ein göttlicher Genuss.

Die Liebe mit dir
Ist reine Harmonie.
Jeder Morgen
Ist ein neuer Traum.

Dich zu lieben,
War mein Lebensziel.
Dass du mich hältst,
Ist besser als alles Geld.

Du bist mein Licht
In dieser Endlosigkeit.
Ich schreibe dir dies Gedicht
Als mein Liebesbeweis.

Schwingen

Ich fliege
Mit Flügeln
Goldener Liebe.

Ich träume
In den Räumen
Unseres Traumschlosses.

Du und ich
Im Licht
Der Ewigkeit.

Unsere Liebe
Vereint und heilt
Die ganze Welt.

Ich tanze
Mit Herzenskraft
In deinen Armen.

Ich lebe,
Weil du mit
Mir lebst.

Ich gebe
Dir jeden einzelnen
Augenblick.

Schüchterne, versteckte Blicke

Jede Nacht
Schmachtend warten.
In meinem Geist weilt
Ein Bild von ihrem roten Kleid.

Ihr fester Po
Macht mich froh,
Selbst wenn ich nur
Dran denken tu.

Ich liege lange wach
Und denke über den Tag
Nach, als wir uns trafen
Und uns kurz besprachen.

Ich will mehr und
Ich will das uns.
Aber noch ist der Weg
Schwer zu sehen.

Ihr Blick ist klar,
Denn er macht mir klar,
Dass es nur an mir liegt,
Wann unsere Liebe gebiert.

Blinde Liebe?

Liebe macht blind!
Aber wenn sie echt ist,
Was will ich anderes sehen?

Nur Liebe lohnt den Blick
Unverstellt auf das Glück
Des eigenen Lebens.

Wo die Liebe lebt,
Wird alles wunderschön
Und voller Regenbogen.

Selbst ein Einhorn erscheint
Und lädt zu einem Ritt
Durch die Prärie ein.

Liebe lässt die Welt
In bunten Farben erstrahlen
Selbst in der dunklen Nacht.

Darum will ich mit den Augen
Der Liebe sehen und mein
Leben in Liebe leben.

Als wir heirateten

Trauringe,
Die uns ein Leben lang
Binden.

Ein Strauß
Mit Blumen fliegt
Und traut.

Ein Kuss
Im Standesamt
Mit Genuss.

Der Schwur,
Der unser Ehegelöbnis
Kürt.

In der Nacht
Nach der Hochzeit
Haben wir gelacht.

Ein Leben lang
Miteinander ins Glück
Gegangen.

Ein taubes Herz

Dunkelheit.
Einsamkeit.
Tausend Fragen:
Warum ging sie?

Alles war schön.
Alles fühlte sich
Ewig und unzerstörbar an.

Dann war sie weg
Ohne Vorwarnung.
Keine Rückmeldung
Von ihrem Telefon.

Kein Kontakt.
Noch gestern schwor sie
Mir die Liebe.

Verlassen.
Selbsthass.
Eine Flasche Wein.

Taubheit.
Verzweifelt.
Fragen über Fragen.
Antworten werde ich nie
Erhalten. War es wahre Liebe
Oder bin ich ein blinder Narr?

Geliebter

Ein Bild
Aus alter Zeit.
Gefühle für
Die Ewigkeit.

Ich liebte ihn
Mit Haut und Haar.
Er war für mich
Das wahre Paradies.

Er ging von mir
Ins Todesreich.
Starb in meinen Armen
Und ich weinte.

Unsere Liebe
War von epischer Natur.
Doch die Todesruhe
Nahm dich mir.

Ich blieb zurück
Mit dem Bild in mir.
Ich blieb zurück
Mit meiner Liebe.

Dein Grab pflege ich
Und ich kehre dorthin zurück.
Dein Leib zerfällt,
Aber unsere Liebe hält
Bis ans Ende der Zeit.

Unsere Ewigkeit

Wir lieben uns
In der Ewigkeit des Äons.
Wir brauchen uns
Bis ans Ende der Zeit.
Zwei Herzen vereint
In endloser Ewigkeit.

Wir träumen wild
Und malen das Bild
Zweier Herzen, die vereint sind
Und wie ein Schild
Alles Üble fernhalten.

Wir kuscheln glücklich,
Denn wir sind glücklich.
Wir sind gesegnet vom Glück
Und ich will niemals zurück
In eine Zeit ohne dich.
Nur ein flüchtiger Moment,
Den wir getrennt sind,
Ist unerträglich.

Wir lieben einander
Und durchwandern die Täler
Und Berge echter Verbundenheit.
Denn wir sind bereit
Für unsere Ewigkeit.

Der Schoß

Ihr Schoß
Ist sanft und
Meine Träume los.

Das samtene Bett
Ist sehr weich und
Wird unser Liebesnest.

Ihre weichen Lippen
Will ich küssen und
Ihre Rippen kitzeln.

Mit wildem Genuss
Spüre ich ihr Becken und
Bedecke es mit einem Kuss.

Sie zu spüren
Ist mein Traum und
Das Wühlen in tiefen Gefühlen.

Ein kleiner Stoß
Und sie wölbt sich und
Ich fühle mich grandios.

Wie die Tiere

Wir lieben
Uns wie Tiere.
Wild und rau
Im Kissenbau.

Animalische Glut
Mit enthemmter Wucht.
Die ganze Nacht
Wird zum Liebesakt.

Wir stöhnen mit
Lüsternen Tönen
Und küssen uns
Mit Gelüsten.

Wie die Tiere
Tun wir uns lieben.
Wie Vögel
Zwitschern wir.

Der Akt des Balzens
Soll Sex enthalten.
Mit voller Kraft
In den Liebesakt!

Ehegelübde

Wir trauen uns,
Uns zu trauen.
In diesen grauen Zeiten
Gilt das schon als Zeichen.
Aber wir lieben uns
Und krönen uns mit der Ehe.

Antiquiert, sagen die einen.
Lass sie meinen.
Wir wissen, was wir wollen
Und wir wollen das volle
Programm auf dem Weg der Liebe.

Natürlich ist das Baby
Ein viel größerer Segen,
Dennoch lassen wir uns nicht nehmen,
Uns das Ja-Wort zu geben.
Wir sind ein Herz
Und eine Seele.

Gebunden bis der Tod
Uns scheidet und bis dahin
Glücklich verheiratet.
Eine kleine Familie
In trauter Harmonie.

Die sieben Meere der Liebe

Die Liebe finden
In den sieben Winden.
Das Kuscheln lernen
Im Licht der Sterne.

Ein sanfter Kuss
Mit sinnlichem Genuss.
Wildes Necken
Unter Bettdecken.

Die kleine Streicheleinheit
Kommt zur rechten Zeit.
Die Liebe leben
Das ganze Leben.

Süßholz raspeln
Im Schatten unterm Baum
Und sich trauen,
Die Liebe zu gestehen.

Sich finden,
Um sich zu binden.
Ein ewiges Paar
Im heißen Weltall.

Albtraum

Ein Traum,
Der Angst macht.
Ein Traum,
Der kaputt macht.

Im Traum
Zerbrach meine Liebe.
Es war ein fieser
Albtraum.

Aber im Wachen
Kann ich lachen.
Denn wir sind glücklich
Und leben gemütlich.

Möge der Traum
Ein Traum bleiben
Und das Glück der Liebe
Ehrlich überleben.

Wenn der Traum
Mir Angst macht,
Aber mein Leben
Voller Liebe ist.

Wundersache

Drehen und
Sich ansehen.

Blühen und
Sich berühren.

Die kleinen Momente
Sind Geschenke.

Jedes Lachen
Eine Wundersache.

Benommen
Zueinander kommen.

Küssen
Mit erotischen Ergüssen.

Lieben und
Sich mitnehmen.

Bahnhofsblicke

Heiß tropft der Schweiß.
Die Sonne brennt.
Heiß ist ihr Kleid
Und entzündet meine Libido.

Ihre wilden Tattoos
Sind mir genug,
Um zum Bullen zu werden.
Ihrem blonden Haar
Komme ich nah und
Entflamme in Leidenschaft.

Hitzewellen überm Land,
Aber wir laufen Hand in Hand,
Bis wir abends nackt
Unter der Dusche stehen,
Um uns abzukühlen.

Es begann mit einem Blick
Und endete in wilder Lust.

Das Ende der Zeit

Allein oder zu zweit.
Verloren oder
Befreit.

Verdorbenes Land.
Endlos große Stadt.

Eine Hoffnung keimt.
Der Leim echter Gefühle
Trägt uns bis ans Ende der Zeit.

Loslassen und fliegen.
Niemals zurückkehren.

Am Ende des Seils
Wartet das Unheil im Abgrund.
Hier hält mich nichts,
Also springe ich und
Deine Arme fangen mich.

Ein Paar

Die Dame
Und der Heer
In einem Meer
Der Gefühle.

Alles neu.
Alles schön.
Leicht überfordernd
Und unvorhersehbar.

Die Liebe kam
Über Nacht.
Ein paar Worte und Blicke,
Ehe es klickte.

Hand in Hand
In der Nacht am Strand.
Lippen küssen
Und beglücken.

Die Frau
Und der Mann
Haben angefangen,
Sich füreinander zu öffnen.